手島純 著　黃千惠 譯

16

高校教師が語る16歳からの哲学

十六歲的哲學課

contents【目錄】

導讀

哲學家羅素曾說過：「一個人若從未動過哲學的念頭，則終其一生他都像被關在監獄裡一樣：被理智的偏見所『禁閉』，被他所處的時代、習以為常的意見所『禁閉』」。十六歲，這年紀雖有監獄的苦悶，但卻又不失自由，如同一個準備好要航向大海的水手，卻又背負著長官的權威與命令，以尼采的話來說，是一個想當一頭獅子，但卻仍必須像駱駝般地背覆著行囊的年紀（關於精神的三種變形，可參閱本書第十章）。本書作者，很敏銳地觀察到十六歲年輕人的處境，所以他說：「現在的高中生乍看之下很自由，但事實上是活得很不自由。」

這個充滿能量，卻又生活在禁令當中的十六歲，我認為是培養哲學思考最適合的年紀。因為被稱為「愛智之學」的哲學，不只要理智的思考，更要感性的愛慕，十六歲正是具備思考的能力，同時潛伏著敢愛敢恨的衝動，在保守的學校體制中，這叫「叛逆期」，在開明的高中老師眼中，這叫「創造力」。至於你十六歲的高中生活，受的是軍訓教育，還是哲學教育；教的是道德命令，還是老師的啟蒙，就只能看前世是否有燒好香了！很慶幸的，作者寫了這一本《十六歲的哲學課》，站在讀者的角度，來啟發生命中十六歲的天賦，相信這本書的出版，能讓每個嚮往自由的靈魂，對「什麼是好學生？」這個問題，不再依附在「本質」上的思考，而能用「行動」來詮釋自己，正如本書第九章引沙特的話：「人是無法定義的，因為人類一開始的時候什麼也不是……人除了自己所塑造出來的自己之外，什麼都不是。」

亞里斯多德曾說：「哲學的開端，始於好奇。」十六歲應是好奇心最旺盛的時期，會去想「人從何而來？死又要從何而去？」、「在這個宇宙中，有沒有其他生命，或是另一個世界？」、「動物為什麼是動物？動物天生下來就是要讓人吃的嗎？」、「命運是否是被決定的？歷史有沒有重來的可能？」、「最原初的宇宙，時間與空間，是怎麼開始的？」，甚至有人要問「為什麼我要在學校裏，上我所不喜歡的課程？」、「為什麼性行為總是與道德有關？」或者有人在想著「我要不要向他（她）告白？勇敢地出櫃？」……。

當高中生在開始思考這些問題時，對一個哲學老師來說，會如同挖到石油一樣地興奮，可惜的是，在體制內的大人們，總會根據教育部的教科書，為學生提供一套標準答案，若此時學生願意進一步地追問，「為什麼是這樣？」、「課本這樣寫有什麼合理性？」有些會得到白眼：「你就好好唸書就對了，課本不會騙你的！考試會這樣考！」學生的好奇心沒進一步被處理，哲學思考就冷卻了；若學生要再不斷地追問，可能就要被視為行為偏差，送到輔導室去關懷了。……不可避免地作為一個學生，就會去問一些問題，對一個哲學老師來說，會問這些問題的頭腦是金礦，同時也是國力旺盛的泉源，台灣若要成為一個有創造力的國家，怎麼能忽視這股能量、忽視哲學？卻用中國文化基本教材來處理哲學問題呢？

問一個好問題，比答案還重要，大部份的哲學問題，哲學家都問過自己，本書很精準地挑選了幾個重要的哲學家，從歐洲系統的蘇格拉底到沙特，亞洲系統的佛陀、基督宗教與耶穌、及伊斯蘭教與穆罕默德，從哲學家的出身、內心世界、以及所關心的問題著手，如此的筆法，非常能與高中生的好奇心共鳴，這份好奇心如恆河流過歷史，珍惜學生的好奇心，並樂於和同學思辨，正是為師者傳道的工作。芝加哥大學哲學系教授瑪莎・紐斯琫（Martha C. Nussbaum）曾說：

哲學並不是甚麼抽象、玄遠的學問，而是與他們的日常生活交織在一起的、與他們對生死的討論、對墮胎與報復的討論、對制度正義和宗教的討論交織在一起的：就像蘇格拉底的論辯一樣。只要人們被鼓勵自己思考、用蘇格拉底的方式質問，那麼哲學就會冒將出來。※

換言之，哲學是一種思考活動，對事物進行思考的能力。對蘇格拉底來說，真理事關重大，所以他說：「記住：這不是我們隨便找個題目來鬥嘴閒聊，而是我們該如何活的大事。」※※換言之，對一個具有靈魂的人而言，不只是生物性地活著，更令人渴望的是精神的自由。

看這本書，會重拾小時候看世界地圖的那種興奮感，整個遼闊的大海與山河，都盡收眼底，雖還不曾遊走各國，卻已掌握了世界的相貌，燃起壯遊的企圖心。蘇格拉底不會在此向你說教，因為他也不確定他已知道了些什麼，但卻會向你提問，挑戰你所認為的「真與善」，確定站得住腳嗎？不可否認，對年輕人而言，蘇格拉底比起孔子，多了一點親切感，至少他不是居廟堂之高的君子或聖人，而是與雅典城市對話的遊民。Phedo（台灣全國高中哲學教育推廣學會）的教師，近年來在全台各地，星火燎原般地辦起了各種壇論，哲學星期五、Phedo 夏令哲學營……，無不是期待台灣的社會也能啟動蘇格拉底式的對話，讓台灣這匹駿馬，在哲學這根馬刺的鞭策下，奮力地向前衝。蘇格拉底曾如此斥責雅典公民：「最優秀的人啊！你是雅典人，來自於這個最偉大的城市。你不會為了營求財富、

※瑪莎．紐斯琫，《培育人文：人文教育改革的古典辯護》（台北：政大出版社，二〇一〇），頁28。

※※瑪莎．紐斯琫，《培育人文：人文教育改革的古典辯護》（台北：政大出版社，二〇一〇），頁37。（Plato, *Republic* 352D.）

名譽而感到羞恥，但對於真理、以及正義的靈魂，難道你都不關心嗎？」這句話，用來斥責台灣社會那些沉睡中的人，同樣有效。

康德曾說：「道德的終點，就是信仰的起點」，若衍生成「知識的終點，就是信仰的起點」也不為過，在好奇心的驅使下，哲學思考總會追問更深邃的問題，科學若跟不上，宗教就出現了。這本書，很負責地為讀者帶出基督宗教、佛陀，與台灣較陌生的伊斯蘭教。在基督教的篇章中，《舊約聖經》回應了「宇宙如何生成？」、「人類從何而來？」這兩個重量級的哲學問題，《創世紀》遊走在想像與譬喻之間，科學無法證真，亦無從證偽，伊甸園至今仍是世界起源不可背棄的故事。

關於「現代」與「後現代」，則是哲學史很重要的一組概念，笛卡兒被稱為「現代哲學之父」，開啟了現代哲學的啟蒙運動，短短的一句話，為何石破天驚？本書用了很具親和力的例子，來反問讀者現代化的生活，是人類歷史的必然還是偶然？用以反思什麼是現代？什麼是後現代？並且言簡意賅地區分出「現代」在歷史時代、經濟、思想史、科學史……等涵意下所各自代表的意思，進一步來說，掌握了「現代性」的義涵，就可以把「後現代」這個抽象的理念，理解為對「現代性」的顛覆與批判，對高中生而言，就不會那麼困難了！

本書除了可以用哲學家的生平，讓讀者瞭解哲學家思想形成的背景外，大致上都能擷取一些最重要的話，來讓讀者把握哲學家的思想。如培根的「知識就是力量」用以和笛卡兒的「我思，故我在！」互別苗頭，在「經驗主義」所主張的歸納法之外，別忘了理解「理性主義」所提倡的演繹法，也是建構現代知識的重要方法。接著第七章，用契約的概念，把三個重要的哲學家串連起來，霍布斯主張自然狀態是「所有人對所有人的戰爭！」洛克主張這是「沒有一個人享有多於別人的權力」的平等狀態；終於催生出盧梭這句「人應該是生而自由的，但卻到處被人為的鎖鏈所綑綁」，「社會契約」這個現代政治哲學的重要概念，在簡潔的篇幅中，生動表現出來。

廿一世紀，被全球化與新自由主義支配，重新審視馬克思是有必要的，在哲學上我們能不思考「工作的意義？」、「人為什麼要工作？」……這類的問題嗎？在馬克思身上，我們看到工作不是出賣勞動力，反而是人恢復人性尊嚴的一種行動，這對資本社會，是一記當頭棒喝！作者也很敏銳地將沙特與馬克思置於對照組來討論，馬克思的「唯物辯證法」，主張「不是人們的意識決定人們的存在，相反，是人們的社會存在決定人們的意識」，這話立即在下一章被沙特反駁了，馬克思把「人」當成一個整體類型，每個人的個別化便被忽略了，而沙特讓「存在主義」變成有別於馬克思的「人道主義」，因為沙特反對一切形式的決定論，提出「存在先於本質」，作者用淺顯易懂的文字，很能刺激每一個人的哲學思考，小小的挑戰，閱讀起來卻能夠給讀者大大的自信。

最後，作者不忘介紹人類思想史上最有生命力的哲學家——尼采，尼采對基督教道德、理性主義、啟蒙主義的文化有嚴厲的批判，這些讓人誤以為只要靠著普遍的理性法則運作，就可以享受幸福生活的論點，讓人喪失了自己的權力意志。所以，他要批判一切舊價值，找回自己原始的生命力，重建新價值。尼采說「你必須準備好沐浴在你自身的烈焰之中：你怎麼可能重生呢，如果你不先化為灰燼？」在他的著作《查拉圖斯特拉如是說》這部著作中，每字每句，都是那樣的刻骨銘心，也讓讀者理解到「虛無主義」的迷人之處，不是頹廢與破壞性，而是積極與創造力。尼采推崇超人的「主人道德」，讚頌生命永劫回歸的單純，作者用最簡潔的文字，把這個當代最有魅力的哲學家介紹給我們。

相信大家都認為台灣的教育有很大的改進空間，台灣教育問題出在哪？主要在我們太著重培養學生做出標準答案的考試技能，卻少了培養學生獨立思考的能力，雲林科技大學把「哲學思考」列為通識必修，這是台灣教育界的一個創舉，哲學列為通識必修有什麼必要性？我和 Phedo 的教師們，正用行動在回答這個問題，我們主張，念哲學不一定要進入哲學系，但在台灣接受國民基礎教育，就一定要念哲學。很高興《十六歲的哲學課》這本書能翻譯出版，相信這本書對學生的啟發，能彌補台灣高中教育，尚未積極推動哲學教育的缺憾。

台灣高中哲學教育推廣學會（PHEDO）教師／
雲科大通識教育中心助理教授　簡端良

前言

親愛的讀者，為什麼你會拿起這本書呢？我猜，是因為出現了類似人際關係碰壁、對生活浮現很多疑問、不明白自己的人生到底怎麼回事之類的問題。或許，也有讀者是真的為了了解「哲學」才拿起這本書的。

這本書就是試著貼近上述滿腹煩惱的讀者的心情，來向各位介紹深邃廣大的哲學世界。

言歸正傳，「哲學式思考」到底是什麼意思？所謂「哲學式思考」，是指對既有的事情存疑、追根究柢地思考萬事萬物之意。這也意味著「喜愛求知」、「喜愛知識」的精神。十六歲，正是自發地學習「哲學式思考」的最好時機。十六歲的年輕人，剛從國中義務教育畢業，大多數會進入高中就讀。比起國中時代，高中生要學習的課程比以前豐富、生活型態更加多元，另一方面，各種情感想法紛至沓來，煩惱也變多了。沒念高中的人則必須與現實生活近身搏鬥，不得不思考的事情排山倒海而來。十六歲，大致就是這樣的年紀。

此外，現在日本年輕人所身處的社會，比高度成長時期嚴酷許多。經濟已經不像從前那樣景氣、社會福利制度難以信賴、連工作也比以前難找，是個相當艱難的時代。

相信大家應該還是抱持著希望的吧；但我總覺得從年輕人開始，已經對未來失去盼望。

失去盼望，與自尊心低落有關。一旦自尊心低落、自信喪失，便容易做事馬虎、碰到一點挫折簡直像天要塌下來、遭遇困難就倉皇無措，這些情形在現在許多年輕人身上都看得到。

另外，在人際往來上，雖然大家都用智慧型手機，可以隨時聯絡、上網，但這反而是一種無法與他人在現實世界中連結的表現。網路世界裡甚至還出現了「網路霸凌」，明明大家以網路和世界連上了線，所進入的卻盡是社群的小圈圈，在封閉空間中隨著茶杯裡的風暴起舞。

我認為，研究哲學是一個人孤軍奮戰的同時，又能放眼社會、尋找希望的美事。但是，有識之士再怎麼「說教」，現在的年輕人也未必聽得進去。對高中生說「應該這麼做才對」是沒用的。很多老師試圖以年輕人聽得懂的話語講解哲學、探討人生意義，但他們對年輕人所面臨的困境無法切身體會。

既然如此，不如就讓長年與高中生互動的我來寫一本哲學書。這就是我動筆寫本書的緣由。我決定要深入年輕人的生活，透過本書和大家討論哲學。

我在高中教授「倫理」科目，上課時我會將自己專長的哲學融入課程中。由於對高中生而言，「倫理」是個難以捉摸的抽象概念，我在備課時下了不少工夫。為了讓學生了解哲學的原貌，我在課堂上致力於將抽象的哲學變得容易理解。不談艱深理論，藉由講述哲學家年輕時的經歷來介紹其思想，再輔以我自己的經驗或人生觀，幫助學生理解。

這樣的課程安排，得到各式各樣的迴響。確實，有的學生對進一步深入思考事物本質有興趣，但也有學生只要一看到哲學術語就嚇得瞳孔放大。當然也不乏如下的抱怨：「幹嘛非要想這種事不可？」或是「想這些很煩耶。」該如何處理這樣的反應，一直是我的課題。

比方說，當我不採取慣有的教法，告訴學生佛陀是個拋下妻小出家的偉人，而是換個說法，告訴學生說佛陀的心生病了，最後治癒他的藥就是「覺悟」，那麼學生便會感覺佛陀並非遙不可及，而是個容易親近的人。若將沙特的名言「存在先於本質」放在人類對未來展望的脈絡中，學生便會覺得哲學是可能帶來希望的。又譬如來自清貧家庭的孩子，對馬克斯的剩餘價值說往往立刻能感同身受。本書就是企圖採取這樣的視角來撰寫。

本書所選介的哲學家，都是知名度高、其學說對年輕人而言容易理解的。本來還想介紹康德和黑格爾，但是這次先做罷。我決定捨棄系統性的哲學理論，優先介紹盧梭、齊克果這類「一肚子煩惱的哲學家」。書中主要介紹的哲學思想，都不會太過抽象，但願能激發高中生與青年們的生命力。我也會著墨於宗教與哲人們青少年時期的心理，因為這是高中倫理科中必定會談到的部分。

此外，我在課堂中常有的雜談，書中也不會少。這是為了打破抽象的哲學概念及術語，使其容易理解。我也會舉出假設性的見解，跟教科書上的內容或許會有些出入。

在介紹哲人生平時，我盡量把重點放在他們的成長過程，尤其是青少年時期。因為這本書的特色，是期望增進大家對哲人青年時期的了解。我已經盡我所能收集資料，但有些哲人青少年時期的紀錄和資料真的極少。若我們將焦點放在哲學家、思想家的青年時期，就可以讓其哲思變得較為具體，易於把握。

另，書中所選介的哲人著述，大部分引用原文，少部分經轉化再詮釋。部分文字可能艱澀，希望讀者除了看我的解說，也盡可能地親炙原文才好。

本書雖然以高中生、大學生等為主要讀者，但若高中教師與其他成年人願意當作哲學入門書一讀，亦是我的榮幸。

第一章 什麼是哲學式思考

哲學是什麼

到底哲學是什麼？到底哲學是一門怎樣的學問？大部分大學都設有哲學系或哲學研究所，到底念哲學的學生都在學什麼？我想，這本書應該要從這個地方談起。

哲學一詞的英文是 philosophy。從語源來說，它的意思是「喜愛知識」、「喜愛求知」，若要譯成一個詞，或許可以譯為「愛智」。

philosophy 這個詞是在明治時代（1868-1912）進入日本的，由當時的啟蒙思想家西周譯為「哲學」，取「哲」這個字有「賢明」、「明白道理」的意思。有一些學者認為沒把 philosophy 譯為「愛智」而譯成「哲學」是誤譯，但我倒覺得這譯法很有道理。不知讀者們的意見如何呢？

這裡所談的哲學地位崇高，在過去被視為所有學問的源頭。在古代，學問並非區分為數學、天文、物理等不同領域，而是不管是數學、天文、物理，都算是哲學的一部分。心理學與社會學等晚近才成立的學門，也可以說是從哲學分支出去的。

也許現在大學的哲學系給人的印象，是一種冷僻的、抽象的學術領域（實際上這種大學也很多），但若追本溯源，哲學不但歷史悠久，更是所有學問的源頭，所有知識的基本元素。

當哲學還沒出現

在遠古時代，先民是以神話或傳說來解釋世界為何誕生，如何運作。不只是以神話出名的希臘有神話，許多地區、國家都有神話，這是一個共通的現象。也許連古代澄明夜空中閃耀的星子，都以神祕的方式向人們解說世界的真相。不信的話，看看世上多少神話與星座有關！

此外，先民認為自然萬物皆有靈，四面八方都有神明存在，這也是很容易想像的。古代先民就是以這些方法解釋各種自然現象，觀察著四方大地。

在此，我要引用公元前八世紀時的古希臘詩人赫西俄德（Hesiod）的著作《神譜》（*Theogony*）裡的一段文字。詩人從最初誕生的卡俄斯（Khaos，混沌）開始，描述了秩序井然的宇宙誕生的場面。我將《神譜》的文字以較易理解的方式翻譯如下：

> 在最初的源頭中，卡俄斯誕生了。接著，胸襟廣闊的蓋亞（Gaia，大地之母）也誕生了。這蓋亞，是頭戴雪冠的奧林帕斯山上的諸神永恆安居的處所。緊接著，位於廣袤大地的極深處，籠罩在幽暗無明中的塔耳塔羅斯（Tartarus，地獄）也誕生了。還有還有，在長生不老的諸神中最美的神明厄洛斯（Eros，愛），也誕生了。

再來我要引用日本最古老的史書《古事記》中，關於開天闢地的描寫。以下是白話文版：

在宇宙之始，作為萬物根源的混沌已經凝固，但還無法化生萬物，也無形狀。此混沌既無名號、亦無動靜，誰也不知它的模樣。然而，就在天地分開之時，誕生了三位神明，分別是雨御中主神、高御產巢日神、神產巢日神。接著，當陰與陽二氣分開時，誕生了兩位造生萬物的祖神，祂們的名字叫作伊邪那歧、伊邪那美。

日本與希臘在地理上非常遙遠，但各位會不會覺得，希臘神話《神譜》與日本神話《古事記》兩者非常相似？他們都提出了這樣的問題：世界是怎麼生成的？世界原本是什麼模樣？雖然這問題很原始質樸，但從此可以看出，這類根源性的問題其實是全世界共通的。提出問題後，古代先民也提出各種答案，試圖說明世界是如何建造的。看到先民們如何解釋事物從混沌虛無中誕生，我真是佩服他們的想像力。

哲學之祖

古代先民的世界似乎洋溢著浪漫情懷，但另一方面，部分人也興起了一種想法，認為應該冷靜思索自己與世界的樣貌，這轉變是必然的。在此時登場的，就是哲學家。

古希臘哲學家泰利斯（Thales，624-約546BC）公認是哲學之祖。也許應該說是西洋哲學之祖比較正確。我雖然希望在行文中避免將西洋視為全世界的代表，但在此暫時沿用慣例上的說法。

那麼，為什麼泰利斯被視為哲學之祖呢？

泰利斯是出身小亞細亞西海岸愛奧尼亞地區的商人。愛奧尼亞是地中海的貿易中心，各地來的商人絡繹不絕，形成了較無偏見的自由風氣，也因此發展出豐富多元的知識與各種精巧的技術。我們可以想像，泰利斯生長於這樣的環境，故能夠不受拘束地自由思考。不過，由於泰利斯的親筆著作並沒有流傳下來，後代學者只能從其他記錄與斷簡殘篇中推測他的學說主張。

公元三世紀時有一位叫作第歐根尼．拉爾修（Diogenes Laertius）的哲學史學家，在著作《哲人言行錄》（*Lives and Opinions of Eminent Philosophers*）中記載了許多古希臘哲人的事蹟。由於是「言行錄」，書中不僅闡明哲人的學說，更有許多對其人性格、軼事的描寫。有些描寫會令人懷疑其真實性，但是我們還是參考這本書，來讓大家更具體地了解泰利斯這個人。

泰利斯是古希臘七賢人之一，可能是第一位被稱做「賢人」的人。他除了研究天文學，也主張靈魂不死。此外，據說他認為賺錢是非常簡單的事，為了證明自己是對的，有一年他預測橄欖會豐收，就把全島的橄欖油榨油機租下來，當年橄欖果然如他預測地豐收，大家只好向他租借機器，他也如自己所預測地大賺了一筆。後來他說了句名言：「賺錢雖然容易，但非我關心之事。」

還有一個故事，是講有一回他去埃及，測出了金字塔的高度。各位讀者會用什麼方法測量金字塔的高度呢？泰利斯來到金字塔旁，站在太陽下，等到自己的影子和自己身高一樣長的時刻，便去測量金字塔影子的長度，因此推測出了金字塔的高度。真是個聰明人啊。

充滿傳奇色彩的泰利斯，對於世界的構造，特別是大自然是如何形成的，也做了一番研究。他不像先人一樣用神話來解釋，而是尋思事物的根源、萬物的基本元素到底是什麼。在希臘語中，此基本元素稱為arche。他認為萬物的基本元素，是水。請注意，這裡最重要的事情，並非泰利斯認為萬物的基本元素是水，而是他去思索「萬物的基本元素為何」這件事。老實說，基本元素是什麼都可以，你要問證據的話，請看後文所述，許多人對基本元素提出了各式各樣的主張。但無論如何，會想到去探究「萬物的基本元素為何」，是一個極為重要的轉變，這就是泰利斯被稱為哲學之祖的原因。

不過，我認為泰利斯說「水是萬物的基本元素」也算沒錯。因為生物離開了水就活不下去，而人體據說有百分之六十到六十五是水。泰利斯說的挺有道理。

繼泰利斯之後，當時許多哲學家也紛紛針對萬物的基本元素提出各種主張。發現「畢氏定理」的學者畢達哥拉斯（Pythagoras, 570-495BC），認為萬物的基本元素是數字。他領導一個提倡靈魂不死與生命輪迴的團體，叫做畢達哥拉斯教派，特別鍾愛比例與和諧。據說畢達哥拉斯討厭豆子，絕對不吃。有一則故事說，他在一次戰鬥中與弟子一起撤退，但他們為了避開豆田而繞遠路，結果竟落入敵手而被殺身亡。實在搞不懂他為何這麼討厭豆子，但不管怎麼說，像他這樣發現畢氏定理的才子，也是活在這奇妙的世界裡。

此外，哲學家德謨克利特（Democritus, 460-370BC）則認為，萬物的基本元素是原子（atom）。這裡所謂的原子，是指最小的、無法再分割的物質。這個想法與現在的原子學說是共通的，果然很有先見之明。

除了上述幾位，關於萬物基本元素的學說，還有幾位哲學家提出不同的見解，包括泰利斯的學生阿那克西曼德（Anaximandros, 610-546BC）所提出的「無限之物」；阿那克西曼德的學生阿那克西美尼（Anaximenes of Miletus，570-526BC）所提出的「空氣」；號稱「晦澀哲人」的赫拉克利特（Heraclitus of Ephesus，540-480BC）則認為「萬物皆動」、「萬物皆流」，以及「前蘇格拉底學派」最重要的哲學家之一巴門尼德（Parmenides of Elea, 500BC-不詳）所說的「存在之物即存在、虛無之物即虛無」、「真實之物不生不滅，亦不變化」等等。說到這裡就太玄、太難懂了，總之巴門尼德的意思是「世界永遠不會消滅」。

這些哲學家所提出的理論，現在被歸類為自然哲學。雖然百家爭鳴，似乎各說各話沒有交集，但數千年來愛好求知的人們，浸淫於今天所謂天文學、生物學、數學、物理學、音樂等不同領域的人們，他們是如此渴望探究世界與大自然到底由什麼組合而成。這就是哲學的世界。而泰利斯，就因為他是第一個踏上探究萬物本質的道路的人，故被後世稱為「哲學之祖」。

關於讀哲學

雖說是所有學問的源頭，但哲學現在似已窄化成一門專門的學問。現實是如此，但在我心中，哲學依然是萬學的根源與基礎。此外，我認為不能只把哲學當成哲學式地詮釋事物的學問。讀哲學，不只是要知道康德說了什麼，或解讀尼采的文章而已，我們自己是否學到了哲學式思考，才是重點。所謂哲學式思考，簡而言之就是「靠自己思考」。在德語中，「思考」一詞寫作 denken。我還在讀書的時候，常被老師念：「到底有沒有在 denken 啊？」不過「思考」畢竟是個比較抽象的概念，有點難以掌握。如果我們在所有想法或行為的前面都加一句「為什麼」，後面加一個「？」，也許會比較容易理解。也就是，我們要對所有事情都存疑，質問道：「這樣真的沒問題嗎？」

比方說，高中生開始質疑「為什麼我從小到大要一直讀書？」、「為什麼學校要制訂校規？」、「為什麼我要寫 e-mail 給別人？」將會是很有意義的事。很多人一定會說，拜託，哪有可能把這些事一一想清楚！但是我希望各位能了解，這麼做跟哲學式思考有很大的關係。總有一天我們會自問下面這些沉重的問題：「為什麼我要活著？」、「為什麼人一定會死？」當你開始向自己發出這些大哉問，就差不多是個哲學式思考的人了。

不過，哲學有個麻煩的地方。在漫長歷史中，各種思想不斷發展累積，結果形成很多一般人難以理解的哲學術語。拿起哲學書來讀，經常會看到像外星話一樣不知所云的句子。如果有「讀什麼書最容易半途而廢」排行榜，我看哲學書八成是榜首吧！我大學時代曾經讀過德國哲學家黑格爾（Georg Wilhelm Friedrich Hegel, 1770-1831）的《精神現象學》（*The Phenomenology of Spirit*）日語譯本，簡直像天書一樣，有許多地方看不懂，又誤解文意，以致於讀不下去。但我一直記得，當時辛苦閱讀德文原文的同學，卻能夠掌握書中的要旨。雖然《精神現象學》最近有比較易讀的譯本出版了，不過我很明白許多哲學書艱澀難以下嚥的感覺。這時我總會想，到底是先讀簡易的入門解說書好呢？還是直接挑戰原文書比較好？

我大學時主修哲學。為什麼選擇哲學系呢？因為我覺得，念哲學也許能解決自己的煩惱。其實也不是什麼大不了的煩惱，只是一些青春期的特有問題，再加上家庭因素，以致於中學時我有輕微的神經衰弱症狀。那時情緒總是很焦慮浮躁，便決定從理組轉到文組，心想也許去念哲學會比較好，並不是對未來有什麼打算才去念的。但是，我現在覺得選讀哲學系是個正確的決定。僅僅是明白自己所煩惱的事，其實先賢哲人們早就思考過了，便讓我在心情上大為解放。比方佛陀也跟我一樣曾有神經衰弱的現象，而治癒我們的，也都是「覺悟」。是佛陀「諸行無常」的教導，讓我得以從無意義的執念中解脫。

我大學的恩師吉川健郎老師，畢業於享有哲學聖地之譽的京都大學，也曾經在高中任教，著有《從表象的現象學邁向行為的哲學》，是一個很特別的老師。有一次我去研究室找他，老師幫我泡了一杯即溶咖啡，放在桌上。我一看，咖啡杯旁邊放的不是湯匙，竟然是一支開瓶器。我笑著說：「老師，喝咖啡用不上開瓶器啦！」老師面露不悅，說：「因為這裡沒有湯匙，怕你沒辦法攪拌，才給你開瓶器。你以為開瓶器只能用來開酒瓶嗎？你這樣不行。開瓶器也能拿來攪拌呀。」我不知道拿開瓶器來攪拌咖啡會是什麼光景，但我覺得老師是在提點我要有更自由開闊的思考。這件事我到現在還記得很清楚，彷彿一則信息留在我心裡，提醒我對事物不要隨便下斷語，應該時時保持自由想像的彈性。吉川老師已經過世了，但我覺得我有義務要實踐老師的教導。

吉川老師曾經告訴我：「與其在研究室裡讀書，不如上街頭去學！」他要我效法十七世紀的法國哲學家笛卡兒（René Descartes, 1596-1650），從笛卡兒所謂的「世界這本大書」中體悟。當時我只關注社會問題，沒有好好地打學問基礎，老師不僅以嚴詞訓誡我，也給了我溫暖的支持。

現在的哲學系

現在就讀哲學系的學生，又是怎麼想的呢？我訪問了以前的學生M，她高中時上過我的倫理課，現在在大學念哲學系。M的想法是這樣的：

我從小學時就開始會想，「到底自己為什麼存在」，還有如果我死掉了，還會不會轉世重生之類的問題，就是很疑惑人死後是否會再投胎轉世。從小到大我常常想這些關於存在，人死後會不會有新的生命之類的問題。考大學時我想，讀哲學的話，應該可以找到這些問題的解答，所以決定讀哲學系。

大學念得很開心，上過「哲學概論」、「倫理學概論」、「西洋哲學史」等課程。還有「哲學基礎入門」課，老師用比較淺白的語言把哲學講解給我們聽。課很滿，但是我很認真，不蹺課。還有「基礎講座」會教我們怎麼寫論文。

系上的同學，你可以說他們有點怪，也可以說他們很有自己獨特的想法，都是一些很特別的人。不過我們平常不會聊哲學。

至於畢業後要幹嘛，可能考公務員，也可能去考老師，也有想過去公司上班。我想去讀教育學程，取得高中老師的資格。

我現在在讀西田幾多郎的《善的研究》，內容很有趣。外文的話，除了英文，我還學法文。總之現在就是對很多事情都有興趣，想要像海綿一樣盡量多方吸收學習。

M從小就會自問哲學式思考的問題，為了找尋解答，才去敲哲學的大門，是個認真的孩子。因為哲學入門不易，大學會開設入門課程，以較為軟性的語言講解哲學，讓學生進入狀況，但當然也有精讀原典的課。M所就讀的學校，哲學系開課面向相當廣泛，不偏重於某個領域，從德國觀念論（idealism，或譯唯心論）到法國當代思潮，從日本能劇到精神分析都有，學生可以選擇的課程非常多，真令人羨慕。

近來，各大學哲學系的課程設計普遍都有這樣的傾向，我覺得是一件好事。既然哲學是學問的源流、萬學的基礎，那我們就不應只侷限於枝微末節的哲學詮釋，而應更大器、生動地講解哲學才是。結束這次訪談後，M那雙閃閃發光的眼睛，對各種新鮮事物充滿憧憬的表情，仍鮮明地留在我心裡。

什麼是哲學式思考？

如同前面說過的，哲學原本的意思是「喜愛知識」，「思考」或「質疑」對哲學而言，都是很重要的。前文也講過，哲學是萬學的基礎，是一個歷史非常悠久的學門。我一方面認為主修哲學是一件正確的事，但因為這學問沒有實用性，其實有一段時間我也曾質疑這抉擇到底對不對，自忖也許選擇與哲學相近的社會學或心理學會比較好。

但現在，我十分肯定念哲學是正確的選擇。因為，哲學可以說是各種學問的地基，將這地基打好之後，在進入其他學問時自然能夠明辨，而且會有興趣涉獵各種學問。我在高中擔任社會科老師這些年來，對社會科各科目的本質中都蘊含哲學一事，體會日深。

有人說歷史事件的發生是偶然的，但深究之下，其實可以看到隱藏於其後的思想脈絡。人類的生活，是先民在戰勝自然或與自然共存兩者間，審慎思考、經營出來的。我們現在所煩惱的事，從前的哲學家們也都煩惱過。大家在高中不只讀社會科，也都上過數學、物理或生物。這些學問，原本也都是哲學。它們與哲學的關係，就像腳踏車輪的軸心跟幅條（鋼絲）之間的關係。輻射狀的幅條收束於車輪中央，被軸心固定住。這軸心就是哲學。

此外，雖然近代科學有大幅進展，但人心卻不見得有同樣的進步。現在的高中生，不但知道前面講過的畢氏定理，也知道地球是圓的，還學過阿基米德定理，就某些方面來說比過去的科學家懂得還多。但是，比起古代科學家，我們並沒有更了解什麼是幸福、什麼是善、什麼又是正義。當然，古今社會不同，討論基礎也不同，不能一概而論，但這些問題仍然是每個人都會疑惑的。因此，我們只能參考先哲的思想，找出我們自己的答案。

現代高科技讓生活變得非常方便，對此我心懷感激，但如此發達的科技可能也把人類逼進絕境。福島核能發電廠發生的災害，就是一個證明。人類有建設核能發電的聰明才智，但這份聰明才智卻也給人們帶來莫大痛苦。披著安全神話外衣的核電廠，竟在海嘯中毀於一旦，這種事誰也想不到。今後，為了不要再發生這種事，我們必須徹底反省到底科技可以做些什麼、該如何進行、高科技對人類真的有意義嗎等等問題，這就是所謂哲學式的思考。

古希臘的泰利斯不相信神話的說法，而去思考萬物的基本元素是什麼，就是在試著詮釋他所看到的「世界」。僅只是一個念頭的轉換，對人類而言就具有重大的意義。

面對今天人類所遭遇的種種問題，也要換個方法來思考才行，這是當務之急。因此，面對理所當然之事，我們必須抱著懷疑的態度。如果大家學習哲學，能夠強化哲學思考、加強批判能力，並促進人們創造更美好的未來，便是達成了我小小的心願。

第二章 蘇格拉底與古希臘哲學

關於蘇格拉底，有很多值得深思的事。他雖然相貌奇醜，但是很有魅力，因此才會贏得當時年輕人的心。蘇格拉底雖然一本書也沒寫過，但他的學生柏拉圖（Plato, 427-347BC）以他為主角，寫了許多本書。此外，古希臘喜劇作家亞里斯多芬尼斯（Aristophanes，約446-約386BC）的劇本《雲》（*The Clouds*）、身兼歷史學家的古希臘軍人色諾芬尼（Xenophon，約430-約354BC）所寫的《回憶蘇格拉底》中，介紹了蘇格拉底的思想，因此蘇格拉底才為後人所知。

蘇格拉底不重名利地位，他追求的是「真、善、美」，尤其是「善的生活」。他不曾因為權勢壓迫而改變想法，這種個性惹惱了當權者，他最後被雅典法庭判處死刑。在死刑執行前，他依然不為所動，明明可以在學生幫助下逃走，他卻選擇留下來，喝下毒堇汁而死。我對他的死，深感震動。這種生活方式，才是言行一致的生活方式，對我來說，這就是典範。世上的知識份子固然通曉很多知識，但對於構築自身生活方式的知識，到底了解多少，我很存疑。因此，即使是到了現代，像蘇格拉底這樣的哲學家依然有很多值得我們學習的地方。

此外，蘇格拉底在跟人對話時，他所重視的是「educate」（啟發），這個字就是教育一詞的英文 education 的語源。對我們從事教育的人來說，這具有非常深遠的意義。所謂的教育，不是上對下填鴨式地將知識硬塞給學生，而應是在課程中啟發學生自己獨特的想法。這可以說是我教書多年來，心目中理想的「教育」典範。

詭辯學派

在談蘇格拉底之前，我必須先介紹一群被稱為辯士學派的「智者」，因為在蘇格拉底與他們的辯論當中，蘊藏著重大的意義。

約公元前五世紀，人們所關注的議題從「自然」（physics）轉到了與社會、法律、契約有關的「法」（nomos）上。知識界不再熱衷於詮釋自然界，那時最紅的話題是法律以及社會的理想制度，引領風騷的就是稱為辯士的這群人。他們不但博學，嫻熟各種知識，又有三吋不爛之舌，便以知識為基礎練就了一身高強的辯論術。但是這些辯論很快就淪為詭辯，也就是說他們不再將辯論視為追求真理的手段，而是為了辯贏，不惜用歪理誤導對手，把人家弄得暈頭轉向，只求辯論勝利。人家講東他就扯西，人家講西他就扯東，目的就是為了壓倒對方。到底這是一種什麼樣的辯論呢？柏拉圖早期所寫的對話錄《尤息底謨斯》（*Euthydemus*）中有一段紀錄，我將之改寫如下：

「克雷尼爾斯，所謂讀書人，是有知識的人呢？還是無知之人？」

「讀書人，是有知識的人。」

「那麼，你們會稱某人為老師，還是不會呢？」

「會的。」

「所謂老師，是讀書人嗎？」
「是的。」
「倘若如此，你們在讀書的時候，所學的東西，是你們還不知道的吧？」
「沒錯。」
「倘若如此，在你們還不懂這些東西的時候，可以算有知識的人嗎？」
「不，不行。」
「不是有知識的人，那麼就是無知之人了。」
「嗯，應該沒錯。」
「倘若如此，你們在學習還不懂的東西時，可說是以無知之人的身份來學習的。」
「是的。」
「那麼就是無知之人在讀書。但是，克雷尼爾斯，這跟你剛才所宣稱的『讀書人是有知識的人』，就自相矛盾了啊。」

尤息底謨斯一說完，他和迪奧紐索德羅斯的跟班們立刻哄堂大笑，喝采聲席捲全場。年輕人還沒喘過氣，迪奧紐索德羅斯就接過尤息底謨斯的話又說：

「但是，克雷尼爾斯，你們以前當學生聽老師講課，每天學習老師所教授的知識時，你們算是哪種人呢？是有知識的人，還是無知之人？」

「是有知識的人。」

「倘若如此，就是有知識的人在讀書，而非無知之人。這跟你方才給迪奧紐索德羅斯的答案，又不一樣了啊。」

尤息底謨斯這班人，根本就是在玩弄克雷尼爾斯。問他讀書人到底是有知識還是無知的人，只要克雷尼爾斯回答是「有知識的人」，他們就說答案是「無知的人」；萬一克雷尼爾斯回答「無知的人」，他們就說應該是「有知識的人」。辯士就是這樣滔滔雄辯，將對手踐踏得體無完膚，沉浸在勝利的優越感裡。也因此，這種辯論才被稱為詭辯。事實上，這種似是而非的詭辯，在現在社會中到處都是。

我在課堂上教到辯士學派的詭辯時，經常舉下面的例子來說明：

我：「從前有一個老婆婆帶著小朋友去池塘邊散步，卻被石頭絆倒了，掉進池塘裡。請問是誰跌進池塘裡？」

學生：「是小朋友吧，不小心跌進池塘裡。」

我：「很抱歉，答案是老婆婆。因為是『ㄆㄛˋ』的一聲跌進去的。」

我：「好，再問一次一樣的問題。老婆婆又帶小朋友去池塘邊散步，結果被石頭絆倒，掉進池塘裡。請問是誰跌進池塘裡？」

學生：「呃，是老婆婆吧，因為是『ㄆㄛˋ』的一聲跌進去的。」

我：「很抱歉，答案是小朋友。因為是『ㄆㄥˊ』的一聲跌進去的。」

當然這是層次很低的辯論，我的目的是要讓大家了解什麼叫作「人家講東他就扯西，人家講西他就扯東」的詭辯。這種詭辯，似乎是政客的拿手好戲。很久以前有個新聞，報導福島縣出身的厚生省大臣※在訪談中說：

雖然福島縣的核能發電占全日本將近百分之三十，但我在福島出生長大，大家看我是這麼健康有活力，所以我認為核電廠蓋得越多，越有助於國民的健康和長壽，衛生福利政策也會推動得更加順利。（一九八四年一月六日朝日新聞）

這段話雖然跟辯士學派的詭辯套路有所不同，但也是一種詭辯，屬於三段式論法的詭辯。不過這段詭辯太過粗糙露骨，完全不能跟辯士學派相比。以這種詭辯為基礎，一意孤行推動的政策，引發了什麼後果，福島核災已經清清楚楚地告訴我們了。這種詭辯會引起很多問題，人民實在不能掉以輕心。

再讓我們回到原來的話題。辯士學派就是這樣把詭辯的伎倆發揮得淋漓盡致，甚至導出「正義乃站在強勢者這一邊」、「作惡就是幸福」這種一般人無法想像的結論，來愚弄民眾。

※譯按：相當於台灣衛生福利部部長。

蘇格拉底出現的時代，便是這樣的一個時代。他認為，正是辯士學派的強辯歪理，加速了雅典的墮落。

蘇格拉底的一生

蘇格拉底約生於公元前四七〇年，也就是距今兩千五百年左右。父親是雕刻家，母親是助產士，專門幫即將分娩的婦女接生。他母親的工作，與前文所說過的 educate（教育、啟發）有很大的關係。父親的生平不太為人所知，但是雕刻家這個工作也是意義深遠。要把不具形狀的原始素材，雕刻成具像的、活靈活現的作品，是一種具有創造性的工作。一般認為，蘇格拉底雙親的工作，對他的思想有很大的啟發。

蘇格拉底有許多奇妙的舉動，比方每當他專注思考一件事時，就會凝結似地動也不動好長時間。此外，他也宣稱聽得到一個名為「代蒙」（Daimon）的神明的聲音，告訴他什麼事情不該去做。但「代蒙」到底是什麼神明，卻沒有人知道。蘇格拉底所聽到來自代蒙的話語，到底是真正的神諭、是他內心的聲音、或根本是幻聽，誰也不知道。然而，後來聽得見「代蒙」之聲這回事，竟成了蘇格拉底被人控告不敬雅典神明、信仰異教的理由。

史上關於蘇格拉底青年時期的記載不多，他成為哲學家之後的言行，在弟子柏拉圖的著作中則有詳細記載。不過，柏拉圖所描繪的蘇格拉底，有可能是比較理想化的。本章一開頭提過的古希臘喜劇作家亞里斯多芬尼斯和歷史學家色諾芬尼筆下的蘇格拉底，是個特立獨行的怪咖，和柏拉圖筆下的學者蘇格拉底非常不同。我私心猜想，蘇格拉底應該是奇人異士沒錯，而且是很難相處的那一種。但他的思想充滿魅力，所以像柏拉圖這樣徹頭徹尾的理想主義者，才會死心塌地追隨他。

無知之知

奉祀在古希臘聖地德爾菲（Delphi）的智慧與預言之神阿波羅，曾經發過一道與蘇格拉底有關的神諭：「蘇格拉底是世上最有智慧的人」。蘇格拉底知道後，不禁存疑，他自忖，比自己有智慧的人應該很多才是。於是向來富有行動力的蘇格拉底開始拜訪社會上公認有智慧的賢人，向他們請教各種問題。然而，蘇格拉底發現，這些有智慧的人雖然博學，但對「人生真正的幸福為何」這類問題卻很無知，而且他們並不覺得自己無知。蘇格拉底陷入長考，德爾菲這道神諭的真意，到底是什麼呢？

下面我引用柏拉圖寫的〈自訴篇〉（Apology）中的文字，描述蘇格拉底對這個問題的想法：

當我聽說阿波羅神發出「蘇格拉底是最有智慧的人」這個神諭，我實在不明白阿波羅神要表達什麼。我想，這應該不是騙人的，因為神明不會說謊。我想了很久，總搞不懂神明的真意。終於，我好不容易想出一個方法來探尋這道神諭的含意。那就是，我只要找到某個被大家公認有智慧的人，就可以反駁這道神諭了。我就可以去跟神明說，你看，這一位可比我有智慧多了。這樣一來，我就可以像你宣稱我是最有智慧的人一樣，也可以把我的意見大聲說出來了。關於我找到的這個人，細節就不多說了，也沒必要講他的名字，總之是個政治人物。我一邊問他問題，一邊仔細觀察他，有了如下的心得。大家似乎都認為這人很有智慧，且連他自己也這麼想，不過在我看來並非如此。我試著讓這人了解，他雖然自認有智慧但我不以為然。結果，這人和當時在場的許多人，都恨透了我。

但當我獨處時，我仔細想了想，覺得比起這個傢伙，我是有智慧的。我跟這人其實都不太了解什麼是美、什麼是善，但我跟他的差別是，這人明明不懂卻自認很懂，而我自知不懂，便老實招認不懂。似乎就因為這樣微小的差別，我變得比他有智慧。我勝就勝在，比起別人，我願意承認自己的無知，僅此而已。然後我又去找更受推崇的另一位智者，卻依然得到相同的結論。同樣地，在那兒我也受到了這位智者和其他更多人的排斥。

那些被視為有智慧的人，明明不懂何謂「善」、「美」，卻自認很懂，而蘇格拉底則是對自己不懂的事情就承認不懂。事實上，真正的智慧並沒什麼了不起，就是「承認自己的無知」而已。這是蘇格拉底對德爾菲神諭的見解，亦即智慧是「無知之知」。這在蘇格拉底的思想中，是非常重要的一點。

慷慨赴死

一如〈自訴篇〉所描述的，蘇格拉底的言論招致了當時許多知識份子和當權者的憎恨。這很可能是真的。他們被蘇格拉底追根究柢、咄咄逼人的詰問弄得啞口無言、惱羞成怒，最後一狀告上了法庭。

法庭以兩個罪名來審判蘇格拉底。一是他「腐化雅典青年」，將年輕人教壞了。另一個是蘇格拉底不敬拜雅典城邦所認定的神明，而信奉像「代蒙」這樣的異端鬼神。

所謂「把年輕人教壞了」，真是欲加之罪，何患無詞。當權者看到大批年輕人追隨蘇格拉底，被他的學說所啟發，便羅織這個罪名套在他頭上。而所謂的異端鬼神代蒙，又是什麼呢？代蒙的真相誰也不明白，但許多人相信「代蒙其實就是蘇格拉底的良心」，並非今日宗教所謂的神明。當日蘇格拉底因這兩條罪名被起訴，並被判處死刑。此極刑判決一出，許多人都設法救他，最不濟也能逃亡國外，至少保住一條命。

然而，蘇格拉底放棄了逃往國外的機會，決定接受死刑，喝下致命的毒藥。一定有很多人覺得，應該要保住性命，活下來伸張自己的清白，向世人傳達自己的思想才對呀，怎麼會決定赴死呢？我覺得這個問題很重要，必須在這裡釐清。

在蘇格拉底的時代，個人並非以個人的身份活著，而是在城邦存在的前提之下，個人才有可能存活。所以，假設蘇格拉底逃出他所居住的城邦雅典，將被視為無恥怯懦之徒，是不可能活多久的。如果蘇格拉底活在現代，應該會選擇亡命天涯，不過古希臘的社會狀況跟現代不同。假使蘇格拉底決定逃出雅典，柏拉圖還會寫下這些以蘇格拉底為主角的著作嗎？

讓蘇格拉底以生命來宣揚的思想，之所以能夠流傳後世，正是因為他放棄逃亡，留下來接受死刑的緣故。也就是說，他選擇不留自己的性命，換來留下自己的思想。我認為蘇格拉底之死有其必要，不過這事放在他所生活的時代背景中來思考，似乎也是個不得已的決定。讀歷史時，一定要考慮時代因素。

蘇格拉底所主張的「無知之知」和「不只要活著，而是要按照所知的最善的方式去生活」，是我年輕時的座右銘。雖然到現在還沒有完全實踐，但蘇格拉底的思想影響我確實至深至遠。

柏拉圖與亞里斯多德

蘇格拉底的學生柏拉圖，原本的志向是從政。但他親眼見到恩師被判死刑、飲藥而亡，從此對雅典政局大失所望，決心投身哲學。

若無柏拉圖的詳盡描述，今日我們對蘇格拉底言行思想的了解將大為減少。若只憑喜劇作家亞里斯多芬尼斯和歷史學家色諾芬尼的記載，今天蘇格拉底不會登上教科書，為學子所知。蘇格拉底自己一本著作也沒有，他之所以能在史上享有盛名，實在多虧了柏拉圖。柏拉圖筆下的蘇格拉底形象，確實帶有柏拉圖個人的主觀色彩，但他表達出蘇格拉底思想的精髓，也是不爭的事實。理想主義者柏拉圖心目中的老師蘇格拉底或許稍被理想化了，不過我認為柏拉圖的確是掌握住蘇格拉底的本質。

是的，柏拉圖是非常重視「理想」的哲學家，他是個百分之百的理想主義者。柏拉圖認為，在我們眼前這個萬物會生滅、消亡的不完美世界之外，還有一個萬物永恆不變的完美世界。這就是他所謂的「理型」（idea），或叫做「永恆形式」的世界。個別的現象，我們是以感官去認識，而「理型」的世界，則要以理性去認識。因此個別的現象，可以比喻為「理型」的倒影。

比方說，現在大家在筆記本上畫一條直線。這條線真的是直線嗎？首先，這條線其實有一點寬度，而且可能有一點點彎，沒那麼直。但即使如此，我們姑且還是把它當作直線吧。我們之所以能把這不太直的直線當作直線，是因為我們在理性上知道，理型世界中有一個「真正直線」的靈魂。以柏拉圖式的說法來講，這就是我們「回憶」（anamnesis）起理型世界中那完美直線的靈魂。

對柏拉圖而言，理型中的理型、永恆形式中的永恆形式，就是至善的理型，這呼應到了蘇格拉底「不只要活著，而是要按照所知的最善的方式去生活」的主張。此外，柏拉圖以「愛」（eros），一種對永恆完美之物的精神之愛，來表達他對理型世界的渴慕。

這種超自然的理型世界與現實世界的對立，建構出柏拉圖的二元對立理論，他用這個理論來探究人類與政治的運作方式。二元論對日後的思想與哲學有非常重大的影響。

柏拉圖有一個學生，叫做亞里斯多德（Aristotelēs, 384-322BC）。亞里斯多德長年在老師創建的柏拉圖學院做研究，但他卻批判老師的理想主義、駁斥「理型」論，轉而重視現實的價值，主張現實主義。亞里斯多德認為，世界並非分裂成「現實」與「理型」兩個領域，而是現實之中必定隱含著理想的形式。這有點難懂，容我概要地說明。亞里斯多德認為，萬物乃是由各自的「形式」和「質料」所組成，「形式」是指每個事物的本質；「質料」是指組成這個事物的材料。柏拉圖認為事物的本質是超越事物而存在的「理型」，但亞里斯多德卻說，本質才不是什麼理型，本質就存在於一個個的事物當中。亞里斯多德稱本質為「形式」，也就是令此物之所以成為此物的特徵。以椅子為例，如果是一張木頭椅子，那麼它的「質料」就是「木材」，而「形式」就是「讓人可以坐在上面的東西」。亞里斯多德揚棄柏拉圖的理型論，另提出「質料」和「形式」的理論，就是承認了實體的重要性。他站在現實主義的立場來思考，可說開啟了後世實證學派的學說。

亞里斯多德也在最近很紅的《正義論》※中參了一腳，可說是個還沒退流行的哲學家。從蘇格拉底、柏拉圖到亞里斯多德，這三位古希臘哲學家幾乎把哲學要討論的命題都談到了，實在是光芒四射、至今不墜的哲學巨星。

梵蒂岡博物館拉斐爾房間的第三間「簽字廳」裡有一幅壁畫，畫出了這幾位哲學家。畫面正中央是柏拉圖與亞里斯多德，四周還有蘇格拉底及其他哲人、科學家的身影。這就是文藝復興時期義大利畫家拉斐爾的名作「雅典學院」。

「雅典學院」畫面中央，柏拉圖一手向上指天，亞里斯多德則伸出手

※譯按：美國政治學家約翰·羅爾斯（John Rawls）所著，主張「公平即正義」、「公民不服從」、「社會契約」等概念。

掌朝下，象徵柏拉圖是理想主義者，而亞里斯多德是現實主義者。

我曾去梵蒂岡實地看過這幅畫，在畫前佇立良久。今日距離他們所生活的時代，已有兩千五百年。這兩千五百年來，雖然科學大幅進步，但人類的精神是否也有相同的進步呢？到今天，這樣的疑問經常還在我心中盤旋不去。

第三章
基督宗教的世界

如何認識基督宗教

基督宗教※和古希臘哲學，被認為是歐洲精神世界的兩大支柱。其中基督宗教尤為重要，一方面因為現在教徒仍然非常多，一方面因為如果不懂基督宗教，就幾乎無法認識歐洲社會。但不知怎地，日本人對基督宗教總感到有些隔閡。就某方面而言這是必然的，因為基督宗教是一神教，而日本人對宗教的態度卻是萬物皆有靈的多神教。

※譯按：此處以「基督宗教」一詞，含括台灣習稱的「基督教」（新教）與「天主教」（舊教）兩者。

此外，日本人精神世界的核心是「無常」。一來是因為日本四季流轉分明，二來是因為受到佛教的影響。日本人的無常觀，和只認定一個絕對神的精神世界截然不同。不過，擁有無常觀的精神世界，與去認識基督宗教教義是完全無涉的兩回事。建議大家把自己的信仰先擱置一旁，我們是要學習、思考與基督宗教相關的事情。附帶一提，「基督」這詞是希臘文，是從希伯來語的「彌賽亞」（意為救世主）翻譯來的。

另外，教科書類的書本中對基督宗教的介紹較流於形式，因此我在下文的敘述中會加入一些假設性說法。也許信仰基督宗教的朋友們看到了會皺眉頭，但我的立場是希望盡量將基督本人的樣貌（光這點就會被質疑）介紹給讀者。

在學校教宗教相關課程時，不管上的是基督宗教也好、伊斯蘭教也好、佛教也好，我在第一堂課就會開宗明義地告訴學生：「在這門課上，我們談的不是信仰，而且我還會介紹許多與傳統不同的解釋和假設給大家。」我認為研究宗教時，把它和個人的信仰區分開來是有必要的，也會小心解說，以免引起誤解。

猶太教

基督宗教發源於猶太教。猶太教又是怎樣的宗教呢？我將猶太教的特徵，歸類為以下四點：一、猶太教是一神教，崇敬耶和華為唯一的神；二、為了證明絕對服從神明，要求信徒遵守許多名為「律法」的誡命，這些誡命規定得非常細瑣；三、猶太教徒相信世界將有末日到來，屆時救世主「彌賽亞」將會現身拯救信徒；四、信徒相信只有自己的民族，也就是猶太人，才是神所揀選的民族，只有他們才會獲救。

關於所謂的律法，《舊約聖經．出埃及記》記載了知名的「摩西律法」（Mosaic Law）。摩西律法中有一部分叫做「十誡」，還拍成過電影。公元前十三世紀左右，古代的以色列民族（即猶太人）遭到埃及法老王的高壓統治，他們在領袖摩西的率領下，一起逃出埃及。那時候，神在西奈山透過摩西將律法頒布給以色列人。遵守律法，就能得到救贖；反之如果違背了律法，就會惹怒神，受到嚴厲的懲罰。下面介紹《舊約聖經．出埃及記》中的十誡。原文並不是條列式的編排，且每一誡下面都附有說明，但為便於說明，在此暫且精簡為以下十項條文：

一、我是耶和華你的神、曾將你從埃及地為奴之家領出來。除了我以外、你不可有別的神。

二、不可為自己雕刻偶像、也不可作甚麼形像、彷彿上天、下地、和地底下、水中的百物。

三、不可妄稱耶和華——你們神的名、因為妄稱耶和華名的、耶和華必不以他為無罪。

四、當記念安息日、守為聖日。

五、當尊敬父母、使你的日子在耶和華你　神所賜你的地上、得以長久。

六、不可殺人。

七、不可姦淫。

八、不可偷盜。

九、不可作假見證陷害人。

十、不可貪戀人的房屋、也不可貪戀人的妻子、僕婢、牛驢、並他一切所有的。

（引用自《舊約聖經》中文版和合本）

第一誡到第四誡，是宗教上的義務；第五誡到第十誡，則是道德上的義務。十誡是以色列人律法的核心，這律法是依據神與人之間的「契約」訂定出來的。也就是說，如果遵守律法，以色列人民就能得救；但若違反律法，就會被懲罰。

傳說摩西帶領以色列人逃出埃及時，被埃及兵追到海邊，無路可逃，但就在千鈞一髮之際，眼前的海竟然像牆壁一樣分開，摩西一行人就這樣從海中的通道逃離，逃出了埃及。一般認為，這片海是紅海，這個故事就被稱為「紅海奇蹟」。但實際上，這海到底是不是紅海，一直備受質疑，如果不是信徒，大概也無法接受這樣的奇蹟。日本著名神學家松永希久夫在著作《歷史中的耶穌像》裡，有一段饒富趣味的文字：

這恐怕是沙漠中特有的現象：像山一樣高的沙丘，被強風狂吹一夜之後消失無蹤，或是移動到別處；上回途經的某條大河，下次再路過時卻乾得半滴水也沒有，也有可能是改道了。這種現象屢見不鮮。因此有人推測，是否就是因為這種沙漠獨有的現象大規模發生，才使當時以色列人的祖先得以逃生、逼得埃及追兵葬身海中。不過，最重要的一點是，以色列人認為這件事背後，是耶和華透過摩西顯出了大能。

讀過這段文字後，我猜想也許「紅海奇蹟」其實不是發生在紅海，但我相信那是真實發生過的事。總之，經過「紅海奇蹟」之後，以色列人民開始相信有神的存在了。事實上，在摩西的十誡之前，神就已經宣告：「我是耶和華——你的神，曾將你從埃及地為奴之家領出來。」（〈出埃及記〉第二十章第二節）因為靠著神，他們才能逃離埃及的暴政，所以他們不得不遵守神所立的規定。

基於耶和華信仰而團結起來的以色列人，在離開埃及之後，於迦南（今天的巴勒斯坦）建立了王國。不多久王國分裂為二，公元前六世紀時，南王國陷於巴比倫人之手，以色列人被俘虜至巴比倫尼亞地區（今天的伊拉克）以及首都巴比倫。這段悲慘的歷史，被稱為「巴比倫之囚」。

後來以色列民族從巴比倫被釋放回來，但悲慘的處境還沒結束，他們陸續被外族統治。以色列人開始寄望一位救世主可以解救他們的苦難，並以摩西的十誡為基礎，創造了一套完整複雜的律法。他們一方面悲嘆民族的命運，一方面透過遵守嚴格的律法來確保彼此團結，並期望一位只拯救以色列人的救世主到來。這種心理狀態應該很容易理解。接著，耶穌登上了歷史舞台。在介紹耶穌之前，我們先來讀幾段猶太教的經典《舊約聖經》。大家可能沒看過《舊約聖經》，這本書的故事性很強，而且接下來你會發現某些段落彷彿似曾相識，好像在哪兒聽過似的。

《舊約聖經》

猶太教的經典是《舊約聖經》，但基督教的經典則是《舊約聖經》和《新約聖經》。通常我們比較會注意到的是《新約聖經》，不過《舊約聖經》

中有許多波瀾壯闊的故事，也希望大家能多多接觸。下面的文字，就是摘錄自《舊約聖經》的第一篇〈創世紀〉：

第一章

起初，神創造天地。地是空虛混沌，淵面黑暗；神的靈運行在水面上。

神說：「要有光」，就有了光。神看光是好的，就把光暗分開了。神稱光為「晝」，稱暗為「夜」。有晚上，有早晨，這是頭一日。

神說：「諸水之間要有空氣，將水分為上下。」神就造出空氣，將空氣以下的水、空氣以上的水分開了。事就這樣成了。神稱空氣為「天」。有晚上，有早晨，是第二日。……

神說：「我們要照著我們的形像、按著我們的樣式造人，使他們管理海裡的魚、空中的鳥、地上的牲畜，和全地，並地上所爬的一切昆蟲。」

神就照著自己的形像造人，乃是照著他的形像造男造女。

第二章

天地萬物都造齊了。到第七日，神造物的工已經完畢，就在第七日歇了他一切的工，安息了。神賜福給第七日，定為聖日；因為在這日，神歇了他一切創造的工，就安息了。

創造天地的來歷，在耶和華　神造天地的日子，乃是這樣。……

耶和華　神將那人安置在伊甸園，使他修理，看守。耶和華　神吩咐他說：「園中各樣樹上的果子，你可以隨意吃，只是分別善惡樹上的果子，你不可吃，因為你吃的日子必定死！」

耶和華　神說：「那人獨居不好，我要為他造一個配偶幫助他。」

耶和華　神用土所造成的野地各樣走獸和空中各樣飛鳥都帶到那人面前，看他叫甚麼。那人怎樣叫各樣的活物，那就是牠的名字。那人便給一切牲畜和空中飛鳥、野地走獸都起了名；只是那人沒有遇見配偶幫助他。耶和華　神使他沉睡，他就睡了；於是取下他的一條肋骨，又把肉合起來。耶和華　神就用那人身上所取的肋骨造成一個女人，領她到那人跟前。……

第三章

耶和華　神所造的，惟有蛇比田野一切的活物更狡猾。蛇對女人說：「神豈是真說不許你們吃園中所有樹上的果子嗎？」女人對蛇說：「園中樹上的果子，我們可以吃，惟有園當中那棵樹上的果子，　神曾說：『你們不可吃，也不可摸，免得你們死。』」蛇對女人說：「你們不一定死；因為　神知道，你們吃的日子眼睛就明亮了，你們便如　神能知道善惡。」於是女人見那棵樹的果子好作食物，也悅人的眼目，且是可喜愛的，能使人有智慧，就摘下果子來吃了，又給她丈夫，她丈夫也吃了。他們二人的眼睛就明亮了，才知道自己是赤身露體，便拿無花果樹的葉子為自己編做裙子。

天起了涼風，耶和華　神在園中行走。那人和他妻子聽見　神的聲音，就藏在園裏的樹木中，躲避耶和華　神的面。耶和華　神呼喚那人，對他說：「你在哪裡？」他說：「我在園中聽見你的聲音，我就害怕；因為我赤身露體，我便藏了。」耶和華說：「誰告訴你赤身露體呢？莫非你吃了我吩咐你不可吃的那樹上的果子嗎？」那人說：「你所賜給我、與我同居的女人，她把那樹上的果子給我，我就吃了。」耶和華　神對女人說：「你做的是甚麼事呢？」女人說：「那蛇引誘我，我就吃了。」

耶和華　神對蛇說：「你既做了這事，就必受咒詛，比一切的牲畜野獸更甚；你必用肚子行走，終身吃土。我又要叫你和女人彼此為仇；你的後裔和女人的後裔也彼此為仇。女人的後裔要傷你的頭；你要傷他的腳跟。」又對女人說：「我必多多加增你懷胎的苦楚；你生產兒女必多受苦楚。你必戀慕你丈夫；你丈夫必管轄你。」又對亞當說：「你既聽從妻子的話，吃了我所吩咐你不可吃的那樹上的果子，地必為你的緣故受咒詛；你必終身勞苦才能從地裡得吃的。地必給你長出荊棘和蒺藜來；你也要吃田間的菜蔬。你必汗流滿面才得糊口，直到你歸了土，因為你是從土而出的。你本是塵土，仍要歸於塵土。」

亞當給他妻子起名叫夏娃，因為她是眾生之母。耶和華　神為亞當和他妻子用皮子做衣服給他們穿。

耶和華　神說：「那人已經與我們相似，能知道善惡；現在恐怕他伸手又摘生命樹的果子吃，就永遠活著。」耶和華　神便打發他出伊甸園去，耕種他所自出之土。

於是把他趕出去了；又在伊甸園的東邊安設基路伯和四面轉動發火焰的劍，要把守生命樹的道路。

（引用自《舊約聖經》中文版和合本）

這段〈創世紀〉中的故事，是不是似曾相識呢？神創造了天地、創造了人類，然後在第七天休息。接著神發現他所創造的人類亞當和他的妻子夏娃偷吃了樹上的禁果，大發雷霆，把他們趕出了伊甸園。這個耳熟能詳的故事，跟摩西率領以色列人逃離埃及的故事一樣，都是出自《舊約聖經》。

耶穌

前文說過，以色列人（猶太人）熱烈期盼救世主（彌賽亞）的到來，而耶穌，就是在這樣的社會背景中誕生的。耶穌誕生於死海西邊的伯利恆，父親名叫約瑟，是個木匠，母親名叫馬利亞。後來舉家遷往加利利地方的拿撒勒城，耶穌就在這裡長大。大約三十歲時，耶穌在約旦河畔接受了施洗者約翰為他進行的洗禮。這約翰是位先知，他一直向以色列百姓宣告末日將近、救世主就要來臨，不斷呼籲大家要趕緊認罪悔改。許多人都來找他認罪，他就在約旦河畔為這些人舉行洗禮，以河水清洗他們的身體。在這邊要說明的是，這個約翰與後來耶穌的弟子約翰是不同的人，因此一般稱他為「施洗者約翰」。

耶穌受了洗之後，就開始傳道。他向大眾講道的第一句是：「日期滿了，神的國近了。你們當悔改，信福音！」（《馬可福音》第一章第十五節）耶穌所謂「神的國」不是人間的、地上的國，指的是人們內心的國度。而且耶穌批判猶太教的律法主義已經流於形式了，他主張律法的內在化。

在所有的福音中，耶穌最強調的，是愛。「你要盡心、盡性、盡力、盡意，愛你的神」（《路加福音》第十章第二十七節）這是對神的愛。他還說「要愛鄰舍如同自己」（《路加福音》第十章第二十七節），這是對鄰人的愛。耶穌還說有一種愛，叫做「至高無上的愛」（agape）。這種愛是捨己的愛，是神給人的愛。這種愛是沒有差別待遇的，能夠給富人、也能夠給窮人，能夠給為惡的人、也能夠給為善的人。可以說，是類似母親對孩子的愛。不管孩子是否出人頭地，母親都一樣愛著他。甚至，越是不成材的孩子，母親的愛給得越多。

耶穌的言行都記載在《新約聖經》中，下面就摘錄幾則知名的段落。

首先，我們從愛開始：

你們聽見有話說：『以眼還眼，以牙還牙。』只是我告訴你們，不要與惡人作對。有人打你的右臉，連左臉也轉過來由他打；有人想要告你，要拿你的裡衣，連外衣也由他拿去；有人強逼你走一里路，你就同他走二里；有求你的，就給他；有向你借貸的，不可推辭。（《馬太福音》第五章第三十八至四十二節）

你們聽見有話說：『當愛你的鄰舍，恨你的仇敵。』只是我告訴你們，要愛你們的仇敵，為那逼迫你們的禱告。這樣就可以作你們天父的兒子；因為他叫日頭照好人，也照歹人；降雨給義人，也給不義的人。你們若單愛那愛你們的人，有甚麼賞賜呢？就是稅吏不也是這樣行嗎？你們若單請你弟兄的安，比人有甚麼長處呢？就是外邦人不也是這樣行嗎？所以，你們要完全，像你們的天父完全一樣。（《馬太福音》第五章第四十三至四十八節）

很驚人吧！這跟我們一般人的價值觀完全不同。雖然我們不習慣這麼做，但若真做得到，我想社會上、校園中的霸凌就不會出現了。這種愛對世界和平也很有幫助。但事實上，就算在基督教會中，這種愛是否真正被實踐了，還很難說呢。

下面再摘錄一段我很喜歡的段落：

耶穌就用比喻說：「你們中間誰有一百隻羊失去一隻，不把這九十九隻撇在曠野、去找那失去的羊，直到找著呢？找著了，就歡歡喜喜地扛在肩上，回到家裡，就請朋友鄰舍來，對他們說：『我失去的羊已經找著了，你們和我一同歡喜吧！』我告訴你們，一個罪人悔改，在天上也要這樣為他歡喜，較比為九十九個不用悔改的義人歡喜更大。」（《路加福音》第十五章第四至七節）

這一段，與我的教育理念有關。我在函授式高中和高中夜間部教過很多年，也曾在問題叢生的學校待過。在這樣的學校裡，有不少「迷途羔羊」。面對這些學生時，我就會想起《聖經》上的這段話。

媒體也經常報導，有些老師不辭辛勞地陪伴問題學生，這些老師很多是基督徒。他們真的是懷著基督的愛，投入教學之中。

耶穌之死

耶穌的教導，大受貧民和犯錯之罪人的歡迎，但對統治者和猶太教會來說，卻是大逆不道。他們認為，耶穌的言行太偏激了。猶太教徒認為耶穌完全不像大家長久期待的救世主，耶穌不僅否定猶太律法，更不提拯救以色列人民，反而提倡神愛所有的人，這根本是背叛了以色列人民。當時的以色列由羅馬統治，因此，耶穌遭到逮捕，以對羅馬帝國的叛國罪被起訴※，判處死刑，執行方法是釘死在十字架上。於是，耶穌便被戴上荊棘做成的刺冠，被迫背著自己的十字架，被士兵押解著徒步前往行刑之所各各他山。各各他山又名髑髏地，意思是「死人的骨頭」。

當時，只有罪大惡極的犯人才會被判處十字架刑。行刑方式是把犯人的雙手雙腳用釘子釘在十字架上，再將十字架立起，讓犯人在極度痛苦中慢慢斷氣。耶穌與另外兩個犯了重罪的人一起被釘，他們一左一右在耶穌兩旁。臨死前，耶穌在十字架上大喊：「以利！以利！拉馬撒巴各大尼？」意思是：「我的上帝，我的上帝，你為什麼離棄我？」耶穌的最後一句話要如何解釋，還有耶穌被釘十字架這件事要如何理解，都是值得探討的問題。

耶穌死後，第三天復活了。耶穌復活，對基督宗教而言具有非常重大

※譯按：因耶穌主張「神的國」即將來臨。

的意義。如果耶穌沒有復活，基督宗教能否像現在一樣傳遍全世界，是個疑問。曾經背叛耶穌的門徒們，也因為他的復活，在精神上再度團結起來。

對包括我在內的許多日本人來說，耶穌復活這件事實在難以理解。耶穌復活的證據，就是他死後第三天，人們發現他的墳墓空了，什麼也沒有。於是有人懷疑是耶穌的門徒把他的遺體偷走，演了一齣「復活」的大戲，也有人認為耶穌是「從假死狀態中甦醒」，或僅僅是「精神上的復活」，甚至有英國醫學專家主張耶穌是「斷氣之後又恢復意識」，結果引起軒然大波。我承認我個人是無法理解「復活」這件事。我相信在精神層面上，耶穌確實回到了人們心中，但我也明白所謂復活信仰指的並不只是這樣。是否接受復活，是檢驗信仰基督與否的試金石。

此外，關於耶穌被釘十字架的意義，最為人知的是使徒保羅的解釋。保羅本來是猶太教徒，後來接受洗禮改信基督教，他致力於把基督宗教傳播到世界各地，是讓基督宗教變成世界宗教的關鍵人物。保羅主張耶穌受十字架刑是為了替人類贖罪（原罪），這見解稱為贖罪論。贖罪的意思，就是做某些事來抵消先前的過錯。大家還記得前面說過，《舊約聖經》中記載，亞當和夏娃偷吃了神禁止他們吃的果子，而這個過錯，就是人類的原罪。後來，人類又不停地犯下大大小小各種罪行。耶穌之所以要被釘十字架，就是要一肩挑起人類的所有過犯，透過在十字架上痛苦地死亡，來替人類償贖罪過。贖罪論和復活信仰，即是整個基督宗教的信仰基礎。

關於基督宗教的一些常識

近來，日本很流行跟基督宗教有關的節慶，但這些節日的意義很值得質疑。最明顯的，是二月十四日的情人節。我想應該有許多女性讀者在這一天送過巧克力給身邊的親友吧！到底為什麼要慶祝情人節呢？

相傳三世紀時，古羅馬皇帝克勞狄二世（Claudius Gothicus）為了防止遠赴戰地的士兵因思念家鄉妻小而無心戰事，遂下令禁止士兵結婚。但有一位名叫瓦倫丁（Valentine）的教士很同情士兵，為他們祕密主持婚禮，結果被判死刑。據說行刑之日，是公元二六九年的二月十四日。人們為了懷念瓦倫丁教士，開始了男女互贈禮物的習俗，以紀念這悲傷的一天。但現在，日本流行在這一天由女性送巧克力給男性，是因為食品公司推波助瀾，而由男性回贈禮物給女性的白色情人節，更完全是商業操作的結果。

與基督宗教有關的習俗，還有耶誕節。在日本，耶誕節應該是無人不知、無人不曉。耶誕節是十二月二十五日，慶祝耶穌降生，但其實並無史料可以證明耶穌真的出生在這一天。耶誕節前一晚是耶誕夜，英文是Christmas Eve，這Eve應該是evening的簡寫。於是就有人質疑，耶誕夜應該是指二十五日的晚上才對呀，怎麼會是二十四日晚上呢？其實，依照早期基督宗教社會的習俗，每天是從日落時開始進入新的一天，因此現在二十四日的夜晚，在當時是算在二十五日這一天裡，所以才被稱為耶誕節前夕。

除了節慶，還有一些有趣的日期巧合。例如，十二月二十五日，離冬至很近。耶穌的母親馬利亞在婚前被天使告知懷有聖胎的日子，據說是三月二十五日，離春分很近。為耶穌施洗禮的施洗者約翰，則是出生在夏至這一天。我覺得這些日期之間，應當有些什麼關連。

一如前文所述，基督宗教中有許多奧妙的知識，越接觸就越覺得深不可測，令人欲罷不能。希望各位讀者也能多多接觸基督宗教的世界。

最後附帶一提，我很喜歡《達文西密碼》這本小說，它也改編成了電影，非常轟動。作者描寫文藝復興時代畫家達文西的名畫「最後的晚餐」中，耶穌十二使徒裡的約翰（跟施洗者約翰並非同人）其實是女性，而耶穌的情人則是抹大拉的馬利亞，因而引發了一連串高潮起伏的冒險。確實，我看到「最後的晚餐」這幅畫時，覺得使徒約翰怎麼看都像女性。這個假設雖然會令基督教徒不悅，但就一個故事而言，這假設無疑是安排巧妙，再加上作者的生花妙筆，確實能夠勾起讀者的求知欲。許多人讀過這本小說之後想對基督宗教有更多了解，是不爭的事實。對我而言，基督宗教雖然不是信仰的對象，但在知性上，它就像萬花筒一樣，奧妙又豐富，充滿了神奇的魅力，讓人想一探究竟。

第四章

佛陀為什麼要出家

佛陀是誰？

佛陀是佛教的創始人，但「佛陀」一詞是「開悟者」之意，並不是一個名字。佛陀的本名是悉達多．喬達摩（Siddhartha Gautama），公元前四六三年生於位在今日尼泊爾的小王國迦毗羅衛國（也有人說位於印度）。因為佛陀出身釋迦族，所以也被稱為釋迦。也就是說，悉達多＝釋迦＝佛陀，都是同一人。此外，他又被稱為釋尊或世尊。有的學者將開悟前的他稱為釋迦、開悟後的他稱為佛陀，以示區別。本書中，則一律以「佛陀」稱之。

佛陀開悟的地點菩提迦耶、第一次說法講道的地方鹿野苑和最後圓寂之處拘尸那揭羅，全都位於今日的印度，佛陀與這個國家的淵源不可謂不深。要說佛陀和印度沒關聯，是不可能的。但是，現代印度最強勢的宗教是印度教，就算佛教是世界三大宗教之一，在印度的教徒也只是少數。而且，就算到了今天，印度社會仍受到種姓制度強烈的影響，而種姓制度與佛陀所提倡的平等思想是互相抵觸的。到底印度是個怎樣的國家呢？我曾去過印度旅行，對當地有些了解。雖然很有限，不過還是向大家介紹一下我所認識的印度。

印度之旅

我第一次出國旅行，就去了印度。為什麼去印度呢？我對佛教興趣不大，倒是比較想遊山玩水，比如參觀美麗的泰姬瑪哈陵、到恆河裡沐浴等等。不過最重要的原因，是因為我讀了心儀的作家小田實的著作《什麼都要見識看看！》，書中有這樣的一段敘述：

此刻，我拚命地想要睡著。這個都市，我所身處的加爾各答，恐怕是全世界最糟糕的都市。人口六百萬，由極少數的有錢人和無數遊民、乞丐組成。整個城市既燠熱又充滿疾病的氣息，而且極度貧窮。此處存在的貧窮，不是打上括弧的那種抽象的、精神上的「貧窮」，這裡的貧窮完全不需要形容詞也不需多餘修飾或誇張描述，而是赤裸裸的事實。就是貧窮自身。我必須靠著幻想我在哥本哈根，幻想金髮白膚的少女，甚至幻想我是在哥本哈根的貧民窟中，才得以熬過在加爾各答的這一夜。

當然這是非常震撼的經驗。我從沒和這樣的貧窮打過照面，如此赤裸、如此絕望的貧窮。我從沒這樣深刻地感受到，同一事物從外表看來和從內在看來，竟有如此大的差別。我這樣講並沒有任何誇大自傲的成分。我並不想狂妄地說自己體驗過那種絕望的貧困。我確實曾因沒錢而在街頭睡過，但那時我只不過是個旅人。只要我想逃離，不管什麼時候都可以逃。事實上現在，我不是才剛把往曼谷的機票訂好了嗎？

我讀到這篇文章時，是剛教書沒多久，身上有點錢、也有空閒的時候，正打算趁著暑假安排一趟旅遊，心想到國外也許不錯。我所仰慕的作家小田實足跡踏遍世界各地，竟在印度的大城市加爾各答（Kolkata）受到這麼大的震撼，我便衝動地決定我的首次國外旅行就獻給加爾各答吧！於是我帶著來回機票、睡袋和幾件換洗衣物，就往印度出發了。當然第一站是加爾各答。

要到加爾各答，得先搭巴基斯坦航空再轉泰國航空。搭乘巴基斯坦航空時，我很驚訝地發現空服員清一色是男性。沒想到，這份驚訝只是整個充滿文化衝擊的印度之旅的開端而已。

在加爾各答下飛機、辦理入關手續時，我都還沒真切地感覺到自己身在異國，但一出機場，狀況立刻改觀。人群蜂擁而來，大叫著「施捨一點！施捨一點！」每個人都希望能從我身上拿到一點什麼。我只好奮力推開人群往前跑，其他旅客也一樣落荒而逃。我無視身旁的混亂，一頭鑽進路邊的破爛巴士。一開始巴士裡只有我一個乘客，但很快就坐滿了，最後巴士車廂外竟然像滾雪球似地攀滿了人，車子就這麼上路了。

這趟旅行，我盡量選擇便宜的旅社，這可是印度之旅。而且，我相當自豪自己有此能耐可以住在廉價旅社。我呢，也是能以最少花費、住廉價旅社、在印度一個人自助旅行的。但，投宿廉價旅社實乃悲壯之舉。房間髒透了，破舊的棉被上好像有臭蟲，我只好睡在自備的睡袋裡。為了防盜，窗戶都是格子狀的鐵窗。廁所裡沒有衛生紙。有一晚，睡到半夜時，牆壁上有隻超過二十公分長的壁虎趴搭趴搭地爬過，就在我的頭後方……我全身雞皮疙瘩都起來了，然後就什麼也不記得……

接著，我從加爾各答的豪拉車站（Howrah）坐火車到瓦拉納西（Varanasi）。豪拉車站裡有很多牛，還有人睡在裡面，簡直是個超現實旅館。我坐二等車，這趟旅途實在稱不上舒適。不過最後還是安全抵達瓦拉納西了。我來這個城市，是為了造訪恆河。

在通往恆河的狹窄道路上，許多老人家席地而坐，恆河的方向有白煙升起，應該是在焚燒遺體。人們把遺體燒成骨灰後，就灑入河中，隨水流去。在恆河邊，民眾做著各式各樣的事，有人在洗衣服、有孩子在游泳、也有人在沐浴。我正是為了要在恆河中沐浴才來的，現在我也踏進恆河中了，但要我從頭到腳泡進混濁的河水中……我實在是做不到。這文化衝擊太強烈，我只能站在恆河岸邊眺望這一切。

離開瓦拉納西後，我抵達阿格拉（Agra），為了一睹泰姬瑪哈陵的風采。我覺得在參觀這世上最美的陵墓時，若還住在廉價旅社，實在有點不相稱，所以決定改住高級些的旅館。先前連澡也沒法好好洗，既然荷包裡預算還過得去，而且這趟旅行本來就是走到哪算到哪，我便決定投宿當地一家富麗堂皇的大飯店。可是，一住進來，我就太過鬆懈了，竟把平時掛在脖子上、絕對不離身的手縫護照包和裡面的錢包拿出來放在床上，然後就離開飯店去吃晚飯。等我再回到房間拿起錢包一看，大概有相當於兩萬多元日幣的錢不翼而飛。我跟飯店的人投訴，但他們不理我，認為這是我的錯。確實也是。錢包沒有整個被偷，護照也還安在。如果全被偷走的話，真不曉得這趟旅行接下來要怎麼辦。只能說是不幸中的大幸。

我懷著沮喪的心情去參觀泰姬瑪哈陵，當然第二天起，我又再次展開廉價旅社之旅。然後我從阿格拉啟程到印度第二大城德里，最後在新德里搭上回程的飛機，先到泰國再轉機回日本。此時，我已經開始嚴重腹瀉，我只記得是在意識朦朧的狀況下搭上飛機的。在精神和肉體都受到強烈震撼的情形下，我終於回到日本。

這趟印度之旅讓我真實體驗到小田實書中所描述的景況，感受可說是相當複雜。印度這國度，彷彿緩慢地存在於時間之流中，與人一出生就被時間追著跑的日本社會完全是兩個世界。佇立在恆河邊時，我也深深體會到所謂人生的價值，是非常多元的。我們以為理所當然之事，其實並非理所當然，僅僅是隨著時間、環境而改變的表象而已。這份體悟，對我而言是很大的收穫。現在的印度是ＩＴ產業大國，我曾經旅行過的地方或許已有嶄新的面貌，但那緩慢的時間之流，應該還是不變的。

另一方面，在印度，經濟與身份的階級劃分依舊鮮明。像古代諸侯一樣擁有龐大土地或財富的富豪，與無家可歸的遊民，同時存在於社會中。我住過的廉價旅館裡，有許多孩子在工作，晚上他們只能睡在走廊一角。印度給予我如此強烈的文化衝擊，讓我對它既愛又恨。第一次出國旅遊就去這種地方，實在是太刺激了。我覺得年輕人應該要去一趟印度，一定會有滿滿的收穫。

印度的宗教

今日的印度，有百分之八十的人民是印度教徒。雖然印度憲法不承認社會階級制度，但由於印度仍深受印度教影響，社會上殘存著種姓制度的陰影。所謂種姓制度，是將人分成四種世襲的階級：婆羅門（祭司）、剎帝利（戰士、王公貴族）、吠舍（農民、商人等平民）、首陀羅（奴隸）。不同階級在生活各方面有不同的規範，不同階級的人之間不准通婚。還有一種人，被逐於種姓制度之外，叫作賤民，被視為污穢不可碰觸的卑賤之人，備受歧視，是整個社會中最底層的人民。

二十世紀初著名的印度獨立運動領袖聖雄甘地（Gandhi），致力於解放賤民，他稱賤民為「神之子」，企圖消除社會加諸在他們身上的歧視。然而事實上，時至今日，種姓制度在印度依然陰魂不散。為了印度日後的發展，我覺得實在應該根除種姓制度，不過印度社會與印度教盤根錯節，社會上人人生而平等的觀念非常薄弱。我既受到印度這個國家的強烈吸引，同時又厭惡它的種姓制度。

印度教的前身是婆羅門教，一種古代雅利安人（Aryan）所信仰的多神教。在婆羅門教中，眾神之首是雷神因陀羅，最重要的經典是《吠陀經》。在我看來，《吠陀經》是承認社會階層與階級歧視的。階級最高的人的是婆羅門，他們擔任祭司，負責祭神。婆羅門教有所謂的輪迴說，一個人之所以會出生在較低階級，是因為前世種下的因，顯現為今生的果，亦即遭到因果報應的緣故。此外，他們認為宇宙中有一永遠存在的絕對真實，叫做「梵」（Brahman），以及人真實的、內在的自我，叫做「我」（Ātman），這兩者若能合為一體，則能從輪迴之苦中解脫。婆羅門教認為有絕對永恆的真理存在，人們應該要不斷追求。在日本很流行的瑜伽，就是婆羅門教的一種修行方法。

佛陀的思想

在佛陀生活的時代，印度盛行的宗教信仰就是婆羅門教。但佛陀否定了婆羅門教。其實佛陀應該不是一開始就打定主意要反婆羅門教的，而是為了解決自己的煩惱，一路追尋、修行下去，就變成否定了婆羅門教，進而發展出佛教。

佛陀出生沒多久，母親摩訶摩耶夫人就過世了。他身為釋迦族的王子，從小在優渥的環境下長大，備受呵護。這些出身背景，對佛陀的個性與心理造成很大的影響。佛陀結了婚、生了孩子，但內心依然充滿重重苦惱。有個很有名的故事，叫做「四門遊觀」，描述年輕的佛陀要出城遊玩，在三個城門各自遇見老人、病人和死者。此時佛陀開始思索，為什麼人會年老、生病、死亡。最後他從第四座城門出去，遇見了修行者，堅定了他出家修行的念頭。

佛陀認為，老、病與死，是人生在世不得不承受的苦。這麼說來，「生」也可說是一種苦。因此，他開始思考要如何從生老病死這四大苦惱中解脫。

前面說過，一般人面對這個問題時，因為覺得就算想破頭也找不到方法，所以不會深入思考。不對，應該說就放棄思考了。但是佛陀不斷地思考。他思考到最後，毅然捨妻棄子，出家開始苦行的生活。

一般的教科書或參考書，對這一段大多輕描淡寫地帶過，把像佛陀這樣的聖人捨棄俗世家庭描寫成理所當然的事情。但我對這件事情實在百思不解。如果佛陀是走投無路、自暴自棄，想要從世上消失的那種人也就罷了，但一個什麼都不缺的人，會想要拋下一切嗎？在這一點上，我卡了很久才終於想通。

回到佛陀的故事吧。佛陀出家，開始苦行。當時的苦行，是透過身體的極度痛苦來使精神昇華，提升到與宇宙合一的境界，亦即進入梵我同一之境。如果能夠進入這樣的境界，就可以不再被煩惱綑綁，得到終極的解脫。但是，佛陀再怎麼苦行，也無法削減內心的苦惱。因此佛陀在苦行六年之後，停止了苦行生活，來到菩提樹下開始冥想。在這裡，佛陀想通了一件事。

那就是，在這個世界上，絕對之物是不存在的，也沒有永恆不變之物。婆羅門教所說的「梵」跟「我」根本就不存在，這個世界是無常的、不斷在變化的。因而，身份階級的差別，在佛陀眼中也不存在。佛陀認為，只要能夠認識到世上所有事情都是變動無常的（也就是「諸行無常」），而且也沒有任何東西是絕對的（也就是「諸法無我」），就可以從苦惱中解脫。所謂的開悟，不是要去苦行，而是要改變你對事物的觀念。

有了這份體悟之後，佛陀開始逐步思索自己與世界的狀態，以及與此相關的各種事情。佛教的教義，大約就是闡明上述的佛陀思想，跟現代日本被稱為「葬禮佛教」的佛教大異其趣。

為什麼佛陀要出家？

這裡想談一談，我先前一直想不通佛陀為什麼要出家這件事。先來岔個題。我年輕時患有輕微的精神官能症，為了治病，我到朝日文化中心去上著名的森田療法課程，據說對精神官能症很有效。所謂精神官能症，類似一般人說的神經衰弱或神經過敏，是種心理疾病，病人會特別在意一般人不以為意的事情。嚴重的話，也會引發身體的症狀。小時候我有懼高症、幽閉恐懼症、社交焦慮症和嚴重的潔癖，都是精神官能症的症狀。這些症狀雖然已隨著年紀增長而逐漸消失（現在不僅沒有社交焦慮，還被人說我臉皮太厚），但我很想了解這些疾病的知識，因此持續去學森田療法。

那時，森田療法的老師介紹完精神官能症之後，說了一句：「佛陀也有精神官能症，治好他的，就是佛教。」我聽了非常驚訝。原來是這樣啊，那我就懂為什麼佛陀會煩惱、為什麼會不合情理地出家了。

我覺得老師的這個假設非常正確。每個人都會老、病、死，如果太過在意這些事，就會活不下去。大家都忙於日常生活，不會認真思考這些事情，因為一旦開始想，就沒完沒了不是嗎？不過人死後會怎樣，倒是會去想。佛陀以超乎尋常的認真態度探究老、病、死的真相，為了得到解答，他必須放下一切。我覺得這是認真得有些病態了，確實容易變成精神官能症。

佛陀一開始以苦行來求解脫之道，後來發現行不通。一如前面所說的，他最後放棄了絕對的觀念，體認到諸行無常、諸法無我才是真相。一旦體認到這些，他的苦惱就消失了。也就是說，只要改變想法，就能治癒心理疾病。改變一個人的想法，可以說是治療精神官能症最好的良藥。佛陀的開悟，可以說就是這麼一回事。

原始佛教

佛陀所創立的佛教教義，稱為原始佛教，又稱初期佛教。之所以會加上「原始」二字，是因為佛教後來廣傳各地，躋身世界三大宗教之一，但同時教義也逐漸改變，已與佛陀當初所開釋的內容大異其趣。原始佛教後來分成兩個支派，一是傳往泰國與斯里蘭卡的小乘佛教，一是流布至中國與日本的大乘佛教。前者重視個人的修行，後者則以拯救百姓、渡化眾生為目標。日本的佛教則因為跟佛教本來的面目已截然不同，因此被戲稱為「葬禮佛教」。佛教後來的發展，我就暫且談到這裡，接下來繼續介紹佛陀所傳的原始佛教。

原本佛陀認為人有生老病死四種苦，後來他思考到人生在世，內心更有諸種苦惱，包括必須與所愛之人分別的苦（愛別離苦）、不得不與嫌惡之人相處的苦（怨憎會苦）、得不到想要之物的苦（求不得苦），以及內心感受外界事物後執著於各種感情、行動、欲望、想法的苦（五蘊盛苦）※，這些苦惱合稱為四苦八苦。要如何從這些苦惱中逃離呢？首先，要認識到這世間即是苦，這就是佛陀所謂的「一切皆苦」。然後，就如前面所說的，要改變觀念，體認到這世間乃是「諸行無常」、「諸法無我」，才能消滅一切苦惱，達到無為安樂的境界，也就是「涅槃寂靜」。這，就是開悟。

佛陀也認為，世上所有人事物之所以會發生、相聚，不是因為他們本身真實存在，而是因為「因緣」的關係。這說法進一步實踐了不將事物視為實體、不被外在事物所綑綁的觀念。也就是說，若能捨棄我執、不執著於外物，就能達到身心安頓之境。

在這裡我想介紹幾段我喜歡的佛經句子，分別選自巴利語佛典・小尼迦耶中的《經集》（*Sutta-nipāta*）※※和《法句經》（*Dhammapada*）：

136　不是由於出身，成為無種姓者；不是由於出身，成為婆羅門，而是由於業，成為無種姓者；由於業，成為婆羅門。

※譯按：五蘊指色、受、想、行、識，簡要而言指身體、感覺、概念、行動、記憶。

※※譯按：此處《經集》經文皆取自郭良鋆譯本。

149 猶如母親用生命保護自己的唯一兒子，對一切眾生施以無限的仁慈心。

150 對整個世界施以無限的仁慈心，無論在高處、低處或地平處，不受阻撓，不懷仇恨，不抱敵意。

151 無論站著、走著、坐著、躺著，毫不糊塗，恪守這一思想，人們說這是人世的梵界生活。

（以上四句摘錄自《經集》，文前數字為佛經中原有的編號）

405 不以武力對待一切強弱眾生，不傷害他人、不殺生的人，我稱之為婆羅門。

406 敵對者環繞時仍然保持友善的態度，暴力氣氛中仍然保持溫和的態度，眾人都執著五蘊，而不執著的人，我稱之為婆羅門。

（以上兩句摘錄自《法句經》）

佛陀說，決定一個人的，不是他的出身，而是他的行為。這是佛陀對社會階級制的否定。此外，他呼籲人們要以慈悲心對待萬物，則是對暴力的否定。這樣的思想，令人聯想到領導印度獨立運動的思想家甘地。這真是值得我們沉吟再三的金玉良言。

不過，深深吸引我的，其實是還沒開悟而悶悶不樂的佛陀。已經拋妻棄子開始苦修，卻仍無法離苦得樂，依舊日日煩悶。滿懷煩憂的佛陀，最後終於想通，他的結論是要大家改變看待事物的方法。用一句簡單的話來說，就是「世上沒有絕對的東西」。這跟許多現代思想不是相通的嗎？對於滿懷煩惱的現代人而言，這樣的思考應該可以給我們許多啟發！

第五章
了解伊斯蘭教

伊斯蘭教的世界

談到伊斯蘭教，日本人是既不關心，也不了解。與其說不了解，還不如說有很多誤解。甚至，不少人直接把「伊斯蘭」當成「偏激」的代名詞。會出現這種誤解，是因為日本的穆斯林（伊斯蘭教徒）很少，一般日本人幾乎沒有什麼機會接觸伊斯蘭教。在幾乎不了解他們日常生活的狀況下，我們經常把新聞報導中的事件直接視同伊斯蘭社會的全貌。但新聞所報導的都是不尋常的特殊事件，若只以新聞當作判斷、理解的標準，那是很危險的。

要理解伊斯蘭社會，實際接觸會比僅僅透過書籍資料有幫助。但不離開日本想要辦到這一點，是滿困難的。住在伊斯蘭圈是個不錯的辦法，但是這不太容易，也許去當地旅行是個不錯的選擇。但話說回來，為什麼我們要理解伊斯蘭教呢？因為，要了解當今世界局勢，若想撇開伊斯蘭世界不談的話，是不可能的。而塑造出伊斯蘭社會的，毋須多說，就是伊斯蘭教。

在此我先介紹我自己僅有的幾次伊斯蘭體驗。

在俄羅斯還是蘇聯的時代，我曾到中亞去旅行。中亞有烏茲別克、塔吉克等國，現在都是獨立的國家了，但當時仍然是蘇聯的一部分，分別叫做烏茲別克共和國、塔吉克共和國。由於蘇聯是社會主義國家，原則上是禁止人民信仰宗教的。但在中亞，伊斯蘭教世界無疑是存在的。烏茲別克的古都撒馬爾罕，有許多著名的伊斯蘭學校※。在撒馬爾罕的熱門景點雷吉斯坦廣場（Registan）就有幾間著名的伊斯蘭學校，其建築形式正是典型的伊斯蘭建築。在晴朗豔陽下，學校的藍色磁磚與湛藍的天空互相輝映，煞是好看。

相較於都市，蘇聯中央政府的勢力在烏茲別克的農村就沒有那麼強，這裡似乎還殘留著伊斯蘭教的信仰。每個看起來很像日本大叔的中年男子都戴著沒有帽沿的帽子，組成了烏瑪，也就是伊斯蘭教的社群。我那時的感想是，宗教雖然被禁止了，但人民在暗地裡仍然保有信仰。

此外，我也去了兩次馬來西亞。第一次是自己去旅行，第二次是帶學生去參訪。馬來西亞是個多民族國家，人口有六成是馬來人，三成是華人，剩下的是印度裔和少數民族。馬來人幾乎都信仰伊斯蘭教，因此到馬來西亞可以實際接觸到伊斯蘭教世界。在伊斯蘭教的寺院清真寺旁邊，就矗立著印度教的寺院，形成饒富趣味的街景。

此外，馬來西亞也是日本人退休後最想居住的國家。伊斯蘭社會的社會制約力量很強大，但應該沒有強到會讓日本人住起來不舒服的程度。清真寺也開放給大眾自由參觀。我帶學生去旅行時，就帶他們去參觀清真寺，不過寺內規定女性不能露出肌膚，因此女學生必須穿上可以完整遮住身體的衣服才行。在馬來西亞首都吉隆坡，我們也與許多身穿伊斯蘭服裝

※譯按：Madrasah，指伊斯蘭世界所有類型的學校，包括世俗和宗教學校。

的婦女擦身而過，但是沒看到戴頭巾遮住臉部的女性，感覺這裡的婦女在社會上是相當活躍的。

馬來西亞不只有伊斯蘭教，還有其他宗教。看到街上不同宗教的寺院比鄰而立，令人深覺這是一個文化多元的國家。不同民族、不同宗教和平共存，這就是馬來西亞的特色。

到清真寺實地訪查

若人在日本，要如何體驗伊斯蘭世界呢？去日本的清真寺參觀準沒錯。清真寺是穆斯林齊聚一堂做禮拜的地方，阿拉伯語稱為 Masjid，英語稱為 Mosque。我在網路上查到日本有五十幾座清真寺，從中挑選了東京大清真寺做實地訪查。東京大清真寺是土耳其大使館的一部分，它的英文名是 Tokyo Camii。而 Camii 是大的意思。

東京大清真寺位於小田急線鐵路沿線的代代木上原附近。從小田急線的高架鐵路往北，出了井之頭通，左手邊就是東京大清真寺。來到此處，還可以看到清真寺旁矗立著一座呼喚教徒前來禮拜的宣禮塔，感覺突然間進入了伊斯蘭世界。清真寺可以自由參觀，裡面展售著許多伊斯蘭教的物品，供人選購。但展售的地方沒有人，只簡單放個小箱子讓人投錢。箱子裡除了零錢，還有千元大鈔，就像路邊的無人菜攤一樣，因為信賴顧客所以只放個小箱子讓客人自行付錢。不過我想，應該不會有人跑來這裡偷錢吧。雖然沒有人，但是有種「神在看」的感覺。我買了簡介、風景明信片、書籤等小東西，把錢放進箱子後，便信步往前，右手邊出現一個多功能的大廳。我去的隔天就是開齋之日，這個大廳屆時會變成食堂，將有很多教徒在這邊一起進餐。

拾級而上，來到二樓的禮拜堂。一進入堂中，就感覺我真的是來到清真寺了。裡面有一些看起來像穆斯林的人面向麥加的方向而坐，另外有幾個人圍成一圈在談話，也有人在睡覺。由於伊斯蘭教禁止偶像崇拜，堂內沒有設置神像，不像基督宗教的教堂會放耶穌像。禮拜堂的一角有個聖龕，聖龕的方向朝著聖地麥加，信徒由此便知道哪個方向是麥加的方向。麥加是先知穆罕默德的誕生地，是伊斯蘭教最崇高的聖地，位於沙烏地阿拉伯。

在東京大清真寺，可以真確實在地體驗到伊斯蘭世界。

先知穆罕默德

伊斯蘭教的創始者是穆罕默德，他被認為是傳達神的啟示的使者，也就是說，他與基督宗教的耶穌、佛教的佛陀在各自宗教中的地位不太一樣。

他出身於麥加望族哈西姆家族，自幼雙親早逝，由親戚扶養長大。二十五歲時結婚，過著安穩的生活。因為工作的關係常到各地旅行，也常到郊外的山洞裡沉思冥想。四十歲的時候，他在麥加郊外的希拉山洞冥想，突然聽到了阿拉真神的啟示，從此成為使者。伊斯蘭教的聖經《古蘭經》，就是穆罕默德將神的話語口述出來集結成書的。

但穆罕默德否定多神教、拒絕偶像崇拜，因而在麥加遭到迫害，便於公元六二二年搬到麥地那。伊斯蘭教稱這為「聖遷」（Hijra），伊斯蘭曆就以這一年為元年。此後，麥地那的信徒越來越多，形成人數眾多的社群，他們回頭攻克麥加，從此麥加成為伊斯蘭的聖地。至此，穆罕默德的勢力遍及整個阿拉伯半島。

伊瑪尼與五功

根據伊斯蘭教教義，穆斯林對真主的堅定信仰，稱為伊瑪尼，共有六項，必須盡的義務有五個，叫做五功。

什麼是伊瑪尼呢？首先，是信阿拉（即真主），相信阿拉真神為世間絕對的、唯一的主宰。在阿拉伯語中，「阿拉」（Allāh）的意思就是「神」。阿拉是絕對真神，像基督教說耶穌是神的兒子這樣的事情，他們是不承認的。而且，阿拉是無法透過人類之手來造出具體形象的神。

其次，是信經典。伊斯蘭教的根本經典是《古蘭經》，這是真神透過穆罕默德將祂的話語傳到世間的集結，是伊斯蘭教教徒在精神面和生活面的指導原則。

第三，穆斯林必須相信使者。使者是指保管神之語言的人。使者並非單指穆罕默德，人類祖先阿丹（即《聖經》中的亞當）、穆薩（即立下十誡的摩西）跟耶穌，都被視為使者。但在伊斯蘭教中，穆罕默德是最後、也是地位最高的使者。

第四，穆斯林相信後世。後世裡不只有天堂，還有地獄。人死後要去天堂還是去地獄，由神在最後審判中決定。

第五項和第六項，分別是天使和前定。天使是把神的話語傳給使者的精靈，穆罕默德也是透過天使迦伯利的傳達，才得知神的話語。前定，是指世間一切事物皆由阿拉所定，無法改變。

這就是伊瑪尼：信阿拉、信經典、信使者、信後世、信天使、信前定。

再來我要介紹什麼是「五功」。所謂「五功」，是指穆斯林必須遵守的五個原則，被稱為伊斯蘭教的五大支柱。

首先是念功（Shahada）。穆斯林要默唸信仰要義「萬物非主，唯有真主；穆罕默德是阿拉的使者」，以表白自身信仰。

其次是拜功（Salat）。一天五次，朝向麥加的方向祈禱。去清真寺的話，麥加在哪個方向一目了然，但是穆斯林分佈在全世界，其所居住的城市不一定有清真寺。這時，就可以用朝拜指南針（qibla compass）來搜尋麥加的方向。我在馬來西亞買過一個朝拜指南針，當作教材。

第三是齋功（Saum）。每年伊斯蘭曆的九月，都會舉行齋戒，這齋戒並非一整天不吃，而是指從日出到日落滴水不進。雖然晚間可以吃宵夜，但是白天不能喝水，所以相當辛苦。齋戒的用意，是要透過飢餓的體驗，來向神明表達感謝之意。

第四是朝功（Hajj）。每個穆斯林都有一生去一次麥加朝聖的義務。去麥加要進行一些宗教儀式，不過最重要的意義還是在於到穆罕默德的誕生地朝拜。

第五是課功（Sakat）。這是指富人要繳交稅金，以賙濟窮人。穆罕默德是商人出身，他不能禁止人民經商賺錢，但是經商致富的人將財富分享給窮人，則可以團結人民的信仰。

以上的念功、拜功、齋功、朝功、課功，就是所謂五功。

伊瑪尼和五功，是穆斯林應該信仰與遵守的原則、義務。

伊斯蘭教的發展

公元六六二年，穆罕默德過世，他的繼承人以選舉方式誕生，稱為哈里發（caliphate）。哈里發原本是「代理人」的意思，但因為他是穆罕默德的繼承者，事實上便等於是伊斯蘭社會的最高領導人。

歷史上有幾位有名的哈里發，例如第一任的阿布．伯克爾，第四任的阿里。他們領導烏瑪，取得社群的同意而就任，因此被稱為正統哈里發。

在第四任哈里發阿里的時代，出身倭馬亞家族（Umayyad）的敘利亞總督穆阿維亞（Muawiyah I）勢力逐漸壯大，和阿里形成對峙的局面。阿里的陣營也分裂成兩派，最後阿里被暗殺。於是，穆阿維亞就任為哈里發，建立了倭馬亞王朝，定都大馬士革。他強化哈里發的權力，讓子孫可以世襲哈里發職位。

然而，倭馬亞王朝建立後，許多人不承認穆阿維亞的子孫是伊斯蘭領導人，他們認為阿里及其子孫才是領導者，於是這些人組成「什葉派」，意為「黨派」或「追隨者」。什葉派之外的大多數穆斯林被稱為「遜尼派」，他們重視的是使者的言行，「遜尼」的意思就是「傳統」、「典範」。到現在，遜尼派依然占伊斯蘭教徒的大多數，什葉派則以伊朗和伊拉克為主要據點，人口也將近有兩億人。

八世紀時，倭馬亞王朝政權漸趨穩固，領土也逐日擴張，形成由阿拉伯人統治其他異族的大帝國。被統治的民族要繳交人頭稅或是地租，以換取生命財產的安全，但若他們願意改信伊斯蘭教，就擁有跟阿拉伯人一樣的權利。此外，越來越多人認為應該由穆罕默德家族出身的人來領導伊斯蘭世界，於是倭馬亞王朝被推翻，七五〇年建立了阿拔斯王朝（Abbas）。

阿拔斯王朝改革伊斯蘭法、取消阿拉伯人的特權，所有人不管是誰，只要是伊斯蘭教教徒，地位就一律平等。也因此，倭馬亞王朝被稱為阿拉伯帝國，而阿拔斯王朝則被稱為伊斯蘭帝國。但是古往今來不管在何處，要貫徹理想總是很困難，帝國境內地方政權群起獨立，蘇丹（對掌權者的尊稱）取代哈里發，成為真正大權在握的領導者。

就這樣，以宗教為立國基礎的伊斯蘭帝國逐漸壯大，以阿拉伯半島為中心，擴張到中亞、北非甚至南歐的伊比利半島。

現在全世界的穆斯林約有十六億人，也就是說，全人類約有五分之一到四分之一的人信仰伊斯蘭教。

《古蘭經》的教誨

接下來介紹大家平時少有機會接觸的《古蘭經》。讀過前面對伊斯蘭教的介紹，應該不難了解這些經文的意思：

開端章（麥加篇章，共計7節）※

1 奉至仁至慈的真主之名

2 一切贊頌，全歸真主，全世界的主，

3 至仁至慈的主，

4 報應日的主。

5 我們只崇拜你，只求你祐助，
6 求你引導我們上正路，
7 你所祐助者的路，不是受譴怒者的路，也不是迷誤者的路。

這是《古蘭經》的第一章。所謂的神，自然是指阿拉。第四條所說的「報應日」，是指神下達最後審判的日子。

《古蘭經》也明文規定許多生活規範，比方眾所周知的不能吃豬肉，這明確地記載在經文中。以下引用的文字取自第二章〈黃牛〉第一七三節：

他只禁戒你們吃自死物、血液、豬肉以及誦非真主之名而宰的動物。凡為勢所迫、非出自願且不過分的人（雖吃禁物），毫無罪過，因為真主確是至赦的確是至慈的。

※譯按：以下古蘭經經文皆取自馬堅譯本。

此外也禁止飲酒。第五章〈筵席〉第九十節說道：

通道的人們啊！飲酒、賭博、拜像、求籤，只是一種穢行，只是惡魔的行為，故當遠離，以便你們成功。

《古蘭經》中明記許多像這樣的生活守則，但這可不是隨便規定的。在民族學者片倉素子的著作《伊斯蘭的日常世界》中，有這樣的一段說明：

關於禁吃豬肉的規定，據說是因為當時阿拉伯半島有種傳染病被認為肇因於豬肉，所以人們覺得豬肉是不潔的食物。但出外旅行者若只有豬肉可吃，這情形就可視為穆巴哈（Mubah。作者按：應該有所節制的行為，並非絕對禁止的程度）而被允許。不管在什麼狀況下，生命都是最重要的。

至於酒，在伊斯蘭教創立之前就已經由猶太教徒或基督教徒引進至阿拉伯半島，其危害非常明顯，在麥加特別嚴重。因此在《古蘭經》中，多次提及關於飲酒的啟示。

其實我自己本來也不是很了解伊斯蘭世界，但在查資料的過程中，弄懂了很多事情。許多穆斯林必須遵守的規定或他們的習慣，我們初看時覺得很不可思議，但明白了歷史背景之後，就會覺得很合理。

另一方面，我仍然無法接受部分穆斯林以神之名做出令人無法理解的偏激行為，不過其實基督教社會也有這樣的事。這些功過，就留給歷史去判斷了。

伊斯蘭世界對日本人而言可說相當遙遠，但也就是因為如此遙遠，藉著了解伊斯蘭世界，我們方能明白人類世界的深遠與廣袤。

第六章
笛卡兒與培根

什麼是現代

不曉得各位每天是怎麼過的呢？假使是高中生，就必須在固定的時間起床（有時是被叫起床）、趕著上學不要遲到、在學校聽老師上課。搭電車上學的人，還會遇到通勤上班的人潮，有時電車裡擠滿了人。

學校的作息幾乎全校一致，上課鐘響起就上課，下課鐘響起就下課。如果是讀全天制的高中，同學們的年紀都差不多，上課用的教材也是一樣的。午休也是大家一起，有的同學在放學後還會去社團活動。口渴的時候就到自動販賣機買果汁，回家途中會繞到便利商店買點東西。週末時，會用手機或個人電腦收發電子郵件跟朋友約出去玩的時間。

回到家裡，打開冰箱就有冰涼的果汁可以喝。晚餐可能吃冷凍食品，配上在附近超市買回來的蔬菜。晚餐後，把在社團活動裡穿髒的T恤丟到洗衣機去洗。因為要寫家庭作業，沒法看想看的電視節目，所以把節目錄下來以後再看。寫完作業後去洗澡，洗完澡聽聽音樂，開始睏了，正想去刷牙然後上床睡覺時，突然看到電視新聞在報導交通事故。

以上就是高中生一天的速寫。但這樣的生活，在人類漫長的歷史中並非普遍的、理所當然的。這種生活，是人類文明步入現代以後才出現的。在現代之前，既沒有電車，也沒有自動販賣機，更沒有便利商店，連學校都沒有。在日本有私塾，但是沒有整齊劃一的上課時間，當然也沒有上課鐘。來私塾讀書的學生什麼年齡都有，採個別教學，教學進度也都不一樣。那時候的私塾，授課以「讀、寫、珠算」為主，學生練毛筆學寫字，讀的書都是手抄本。

像今天的學校或科技，是到了現代才發展起來的。科技發達固然為人類增添便利，但也不全然帶來好處，也會發生交通事故或核能災變這種死亡災難。這都是現代社會才會發生的。

因此，我們不禁想問，到底現代是什麼？但我們自己就生活在現代當中，所以很難明確地描述。不過，雖然歷史上還無法定論何謂「現代」，但至少我們可以說明「現代」是如何誕生的。

不同的學門對現代的定義不一樣。若以歷史的時代區分來看，是指中世紀以後的時代，具體來說是文藝復興、宗教革命開始到現在為止的時代。若以經濟史的角度來看，是從工業革命之後，工業化、產業化開始的時代。若以歐洲思想史來論，是從以基督宗教為中心的思維，轉移到人文主義思潮的時代。此外，也不能忽略科學史的角度，就是從哥白尼提倡地動說、伽利略支持地動說，確定了現代科學的方法論（假設→觀察或實驗→驗證）之後開始。當然也不能忘了牛頓發現萬有引力這偉大的事蹟。

現代為人類帶來自由、平等和財富，也帶來了機械化和便利性。在精神方面，則是變得注重理性，並且重視人的尊嚴。但於此同時，貧窮、階級差異、環境破壞的問題也層出不窮。無論什麼時代，都有好有壞，現代也是一樣。

笛卡兒

為「現代」打下思想與哲學基礎的，公認是法國哲學家笛卡兒（Rene Descartes, 1596-1650）。他有一句名言：「我思，故我在。」（我在思考，所以我是存在的。）這句話的法文原文是 Je pense, donc je suis，拉丁文是 Cogito, ergo sum。我想藉著解釋這句話的含意，來說明笛卡兒的哲學。

笛卡兒於一五九六年生於法國的貴族家庭，父親是任職於布列塔尼（Brittany）最高法院的法官。笛卡兒的母親在他一歲時便過世了，父親再婚後，笛卡兒由外祖母和奶媽扶養長大。笛卡兒非常感念這位奶媽的恩情，後來把她列為財產繼承人之一。

十歲時，笛卡兒進入耶穌會（反對宗教革命的天主教修道會）所屬的學院接受經院式的教育※，之後進入波堤葉（Poitiers）大學修習法學和醫學。但他無法滿足於這種「文字上的學問」，為了讀懂「世界這本大書」，便前往巴黎和阿姆斯特丹旅行，開拓眼界。他也曾加入軍隊，但沒有真的上過戰場，他從軍是為了可以跟著軍隊到處移動，增廣見聞。而且，軍隊裡有開發武器的優秀科學家，待在軍隊裡可以讓他跟這些專家交流。

笛卡兒家有恆產，不需要為了生活而工作，可以愛做什麼就做什麼。但他最關心的，卻是對學問和真理的追求。擁有財富，絕對不是自甘墮落、生活糜爛的藉口。笛卡兒總是不停地思考，對於知識，尤其是數學的探究，總是念茲在茲。

這裡我要引用濃縮了笛卡兒思想精華的代表作《談談方法》（全名《談談正確引導理性在各門科學上尋找真理的方法》，*Discourse on the Method of Rightly Conducting One's Reason and of Seeking Truth in the Sciences*）來解說他的思想：

> 良知，是人間分配得最均勻的東西。因為人人都認為自己具有非常充分的良知，就連那些在其他方面全都極難滿足的人，也從來不會覺得自己

※譯按：天主教教會在經院中訓練神職人員時所教授的哲學，主要論證中心圍繞天主教教義、信條及上帝。

的良知不夠，想要再多得一點。（《笛卡兒談談方法》，英屬蓋曼群島商網路與書，王太慶譯。下同）

笛卡兒認為所有人都一樣具有理智。在此處，理智可以替換為「理性」。他的重點在於，人們可以正確地、適當地使用理性。笛卡兒以「人人都有理性」這一觀念為基礎，展開他的思想體系。

笛卡兒也是數學家，而要解開數學題，需要的是理性，而非感情。說到這裡，我想大家可以了解為什麼笛卡兒這麼重視理性了。身為數學家的笛卡兒，在哲學上也追求類似數學中「公理」（Axiom，又譯公設）一樣的定理。所謂公理，是不證自明的真理，例如「兩點之間可以畫出一直線」，就被視為不變的公理。那麼，在哲學中，是不是也有不證自明的東西呢？笛卡兒要弄清楚一個題目之前，會先以懷疑的角度來思考所有的事物。對所有的存在與事物都質疑一遍、剔除錯誤之後，再來思考剩下的東西。下面我引用《談談方法》中的文字，來說明笛卡兒思考的情形：

任何一種看法，只要我能夠想像到有一些可疑之處，就應該把它當成絕對虛假的拋掉，看看這樣清洗之後我心裡是否還剩下一點東西無可懷疑。因此，既然感官有時欺騙我們，我就寧願任何東西都不是感官讓我們想像的那個樣子。既然有些人推理的時候出錯，連最簡單的幾何學問題都要弄亂，做出似是而非的推論，而我自己也跟別人一樣難免弄錯，那我就把自己曾經用於證明的那些理由統統拋棄，認為都是假的。最後我考慮到，我們醒著時心裡的各種思想在睡著時也可以照樣跑到心裡來，而那時卻沒有一樣是真的。既然如此，我也就下定決心認定：那些曾經跑到我們心裡來的東西也統統跟夢裡的幻影一樣不是真的。

你做夢的時候，不會認為自己在做夢。那麼，各位在閱讀本書的此刻，也許正是在做夢呢。這本書的存在，可能也是夢的一部分喔。笛卡兒就是抱著這樣的想法，把所有的事情都懷疑一遍。這叫做懷疑的方法論。簡言之，就是透過對萬事萬物的質疑，來獲得真理。於是，笛卡兒發現了真理，也就是哲學上的公理：

可是我馬上就注意到，既然我寧願因此認為一切都是假的，那麼，我那樣想的時候，那個在想的我就必然是個東西，我發現「我想，所以我是」這條真理是十分確實、十分可靠的，懷疑派的任何一條最狂妄的都不能使它發生動搖。所以我毫不猶豫地予以採納，作為我所尋求的那種哲學的第一條原理。

引文中「我想，所以我是」這句話，就是「我思，故我在」。

笛卡兒就算懷疑一切、篩去所有虛偽，仍然會剩下一個真理，那就是現在在思考中的「我」。這個「我」指的是「『我』的意識」，也就是「自我」。一如數學中的公理，笛卡兒將這一點當作哲學的公理，也就是哲學的最高原理，開始用它來證明其他事物。數學家會以公理來證明某一個定理，然後再繼續證明下一個定理，笛卡兒也把同樣的方法用在哲學上。他用這個方法，證明出上帝是存在的。這種「經由理性的推理，從普遍原理中導出真理」的推論法，被稱為「演繹法」。

笛卡兒的名言「我思，故我在」中的「我」，被稱為近代的自我。在這之前，單獨的「個人」是沒有人類尊嚴可言的。中世紀歐洲社會中，基督宗教主宰一切，上帝是最重要的，個人沒有地位，所以才會發生「獵殺女巫」這樣的迫害事件。要脫離中世紀的社會，必須回復「人性」，亦即必須確立以人為本的人文主義。由此可見，笛卡兒「我思，故我在」這句名言確實是讓人類從中世紀躍入現代的重要思想支柱。

笛卡兒在五十三歲時過世。一生自由自在的他，決定接受瑞典女王之邀，到首都斯德哥爾摩擔任女王的私人教師。但斯德哥爾摩的氣候嚴寒，與笛卡兒住慣的荷蘭不同。而且有時課程一大早就開始，習慣晚睡的笛卡兒難以適應，沒多久他得了肺炎，從此一病不起。

笛卡兒不以信仰的角度相信神的存在，而是以理性的方法證明神的存在。他也支持哥白尼所提出的「地動說」。在當時，身為數學家和哲學家是相當危險的，笛卡兒不僅身兼兩者，更因被視為無神論者而飽受非議。不過這樣自由自在地生活、晝夜不斷地思考、轉眼間就病死的笛卡兒，在今天卻被視為理性主義的創始者、現代哲學之父。

培根

培根（Francis Bacon, 1561-1626）一五六一年出生於英國，比笛卡兒早誕生三十五年，可說是同一時代的哲學家。當笛卡兒在法國思考的同時，培根則在英國主張從經驗得到的知識才是最重要的。

培根的父親頗受伊莉莎白女王一世的賞識，在當時是位高權重的大臣。拜家庭背景之賜，培根在富裕的環境中長大，從小接受貴族式教育，十二歲便進入劍橋大學三一學院就讀。二十一歲取得律師資格，二十三歲獲選為國會議員，四十二歲被授與爵士爵位，五十二歲成為大法官，六十歲晉爵為子爵。

培根一路走來，始終一帆風順、春風得意，沒想到在大法官任內被訴訟案件關係人告發他收取賄賂。培根承認收賄，不但丟了官職，還被判刑，被關進有名的監獄倫敦塔，可以說是從人生的顛峰跌到谷底。不過在當時，收賄是常見的事，因此有人認為這是要搞垮培根的陰謀。總之，培根承認賄賂之罪。他澄清自己的判決並未受到賄賂的影響，但也自承確實有罪。這樣的聲明，果然很像培根的作風。

培根雖然遭受世間的非難，但在公開的政治舞台之外，他還擁有一個完全不同的世界。他既是文學家，也是哲學家，更是科學家。退出政壇後，他埋頭寫作直到病逝為止。我想如果培根對政治沒興趣，專心當學者的話，一定會研究出更偉大的學問。但也有人認為，正因為他在公餘做研究，才不至於研究出脫離現實的空談理論。

笛卡兒以數學式的演繹法來探究真理，相對地，培根則重視實驗與經驗，據此來尋求真理。他主張要從經驗中許多個別事實裡找到共通的法則，這種方法稱為「歸納法」。

比方說，不論你我，總有一天會死。我們是以「知道自己會死」為前提而活在世上。應該沒有人會認為自己可以永遠活著。不過，你如何斷定自己一定會死呢？因為A先生死了，B先生也死了，C先生很長壽，但後來還是死了。所以，我應該也逃不過一死。這就是能判斷「我總有一天會死」的原因。

又比方說，去超級市場買一盒十顆裝的生雞蛋，你沒把蛋殼剝開來，怎麼知道真的是生的呢？事實上，你並不曉得那是不是生雞蛋。回家後拿一顆雞蛋來做菜，剝開蛋殼一看，確實是生的。這顆是生的，那顆也是生的，那麼推論剩下的蛋應該也是生的（其實並沒有一顆一顆地去推論），可以用來做菜。這種思考方法，也算是歸納法。

培根認為，透過歸納法可以推得真理。此外，培根還有一句名言：「知識就是力量」，意思是透過經驗來學習知識，才能擁有主宰自然的力量。他認為，做學問的目的，是要找到人類對自然的主宰力量。現在看起來也許有點自大，但這在當時是很新穎的想法。

培根主張，為了要獲致真理，必須排除先入為主的成見和偏見。這些成見，在法文中稱為idola，這個字也有「偶像」、「幻象」的意思。關於這些「偶像」，在培根所著的《新工具》（*Novum Organum*）中，有如下的說明：

盤據人心的「偶像」有四種。第一，是種族的偶像；第二，是洞穴的偶像；第三，是市場的偶像；第四，是劇場的偶像。所謂種族偶像，其根源存在於人性，亦即人類這個種族當中。意思是說，人們所有知覺是隨著個人的尺度而改變的，因為人類的判斷力其實是一面會扭曲事物的哈哈鏡，只要光線改變，鏡中出現的事物就會歪曲、變色。

洞穴的偶像則是屬於個人的。每個人有他特屬的洞穴，受到每個人的性格、教育或環境影響，會將自然光給折射或使光線變弱。市場的偶像，是指人們交際接觸時所發生的偏見。人們透過語言互相連結，但若選擇了不恰當的言詞，會嚴重傷害人們的判斷。語言很明顯地在判斷力上加諸暴力，而空虛便在無止盡的爭論中佔據人們的心靈。

最後，劇場的偶像是指各種哲學學派，以及證明為誤的法則給人心所帶來的偏見。我想告訴大家，到目前為止的哲學，都不過是些舞台上的劇本，構築著虛幻的世界而已。出於傳統、輕信、怠惰而被人們接受的科學原理或公理，也不過就是這樣的東西。

種族的偶像深植在人類心中，是個人無論如何都無法擺脫的偶像（幻象）。以下頁的A圖為例，兩條線看起來一樣長。但是在B圖中，上下兩條線各加入輔助線之後，下面那條看起來就比較長。這便是所謂的錯

A圖

B圖

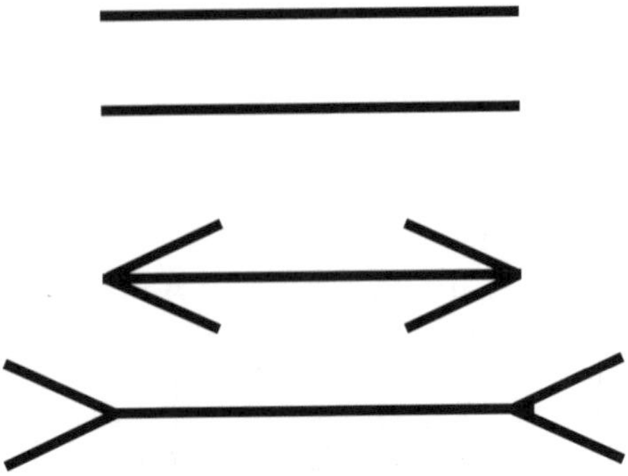

B圖的線
哪一個看起來較長呢？

覺。如此幻象，被稱為種族的偶像。

洞穴的偶像，就如「井蛙不可以語於海者」一樣，活在井底的青蛙，無法想像井外有大海的存在。這種偏見起因於人活在狹小的世界中，以為這小天地就是全世界。

市場的偶像，則出於對語言的不適當使用。上個世紀石油危機發生時，曾有傳聞說衛生紙會缺貨，於是超級市場的衛生紙竟然就被民眾搶購一空。三一一核能事故之後，福島縣的居民也受到各式各樣的傳言所害，苦不堪言。這都是市場偶像的例子。

劇場的偶像，則是因為傳統、輕信和怠惰的緣故，把劇場上演出的虛構故事當成真實來相信。不追究真相，卻聽從權威或有頭有臉的人，這也算是劇場的偶像。

培根藉著排除這四種偶像，來探究真理。他的方法以實驗和觀察為主。因此，培根被視為經驗論的始祖。

充滿實驗精神的培根，有一回研究起讓肉品長久保存的方法。他相信冷凍法會比用調味料或鹽來醃製更為有效。為了研究冷凍法，他竟感染上風寒，在六十五歲時病逝。我想，培根應該是冷凍食品的創始人吧。

現代之後的發展

如前文所述，笛卡兒為現代做好了思想上的準備。現代意義上的「自我」，正是現代社會的頭腦。根據數學式的演繹法將事物做合理地探究與確認，這種方法在現代備受重視。培根的歸納法則對科學發展有重大的貢獻。培根說：「若不順服自然，就無法征服它。」他重視人類與自然的關係，提倡實驗與觀察。

數學和理化，都是現代高中生在學校學習的科目。數學正是一種演繹式的科目。從公理證明出定理，再從這個定理證明出另一個定理。而理化雖然也用得上演繹法，但大多時候是使用歸納法。讀者們知道重力加速度的數值是多少嗎？答案是9.8公尺／平方秒。但事實上，根據測量場所不同，所測得的重力加速度會不一樣。這是經過實驗、觀察所得到的數字，不是從什麼東西推論證明而來的，而且應該也不是上帝所規定的數字。讀理化時，經常要觀察、實驗，才能夠趨近真理。我們可以說，這些在學校中所教授的知識方法論，是在笛卡兒和培根手上成形的。

現今的文明已有長足發展，但現代社會也已出現明顯的破綻。由於現代人的自我感膨脹，輕視人類以外的動物和大自然，現在人類已經得到教訓。文明的發達，與其說帶給人們幸福，毋寧說是為人類帶來一次又一次的不幸。

到底現代會步上怎樣的一條道路呢？在許多地方，必須仰賴年輕一代的努力。我想，我們會需要超越笛卡兒與培根的嶄新知識。各位現代高中生，用你們的雙手打造一個全新的世界吧！

第七章

霍布斯、洛克與盧梭

什麼是契約

說起「契約」，日本人可能一時間腦子裡沒有具體的概念，因為日本人抗拒以書面把一件事的程序詳盡記載的行事方法。在日本，不管是哪一方，多數人都覺得把事情講得太清楚會感覺怪怪的，通常都只有口頭承諾而已。或許「以心傳心」、「以和為貴」這種風俗，跟契約的感覺差很多吧。

比方說日本人到了下班時間，不會立刻站起來離開座位，而是觀察身邊同事的動靜，做些沒意義的雜事。這就是類似的行為。比起勞動時間和工資契約，日本人更重視環境的氣氛。契約的內容？下次再說吧。

不過契約概念已經逐漸滲透進日本人的生活，大家開始習慣以契約為媒介來維持彼此的關係。例如買賣土地當然要立契約，其他事項也要互相交換契約，以免發生糾紛。

但歐美國家可是非常徹底執行契約概念。從摩西十誡的時代開始，人就跟神訂立了契約。人們相信只要遵守十誡，神就會保護人類。歐美人士多半生活在以猶太教為基礎的基督宗教世界，他們對契約的想法，日本人有點難以理解。

在西方，將契約概念有意識地延伸到人民與國家之間，思考社會結構的思想家們，建立了現代民主國家的藍圖。提倡社會契約說的啟蒙思想家，有英國的霍布斯（Thomas Hobbes, 1588-1679）、洛克（John Locke, 1632-1704）以及法國的盧梭（Jean-Jacques Rousseau, 1712-1778）。

他們在思考國家的本質時，同時也思考國家出現前的自然狀態是什麼樣子，並提出各自的假設。霍布斯認定的自然狀態是充滿危險的，他說自然狀態是「所有人對所有人的戰爭」。不採取一些手段的話，個人的權利就會被踐踏。洛克主張的自然狀態則較為理性和平，但他也承認在自然狀態中確實無法保障個人的權利。這兩者的差異在於，他們對人性抱著不同的看法。霍布斯認同「人性本惡」，而洛克則相信「人性本善」。這問題自古以來就是難題，中國的孟子也曾經提出性善說，而荀子則提出了性惡說。不過，無論是霍布斯或洛克，他們都認為人類不能一直處於自然狀態之下，人們必須締結契約以保障個人的權利。

在此，我們必須先釐清什麼是「個人的權利」。所謂「個人的權利」是指人類自然而然便普遍擁有的權利，也就是「自然權利」。隨著時代變遷，自然權利的定義有所改變，但基本上不出個人的生命權、自由權、平等權、所有權等。這種權利觀念被引介至日本時，稱為「天賦人權論」。國家有義務保障個人的自然權利，而個人與個人則互相訂定契約，以建立共同擁有的這個國家。

霍布斯與洛克兩人心目中的自然狀態雖然不同，但他們都認同在自然狀態下無法確保個人的自然權利，必須透過國家的力量才行。

而盧梭的主張又不一樣。盧梭心目中的自然狀態，是一種最理想的狀態。他主張，人們在自然狀態中既平等又自由，反而是進入文明社會後才產生了私有財產，才出現了不平等。他主張人們必須去除這樣的不幸。

接下來我們就逐一介紹這三位哲學家的思想。

霍布斯

在君主專制時期的歐洲，一般認為國王的權力乃上帝所授與，這種想法稱為「君權神授說」。相對於君主專制，英國經歷十七世紀的英國內戰（又稱清教徒革命）之後，國家的權力不再專屬於君王，而是由人民所掌握。霍布斯就是誕生於這樣的時代。霍布斯看起來雖然是君主專制的擁護者，但他思想的核心並非君權神授，而是社會契約論。霍布斯認為，由於國家出現之前的自然狀態是「所有人對所有人的戰爭」，所以必須透過國家的力量進行抑制。因此他主張設有國王的君主專制是最好的政體。

由於霍布斯擁護君主專制，英國內戰爆發前他被迫逃往法國。他跟洛克、盧梭的立場雖然不同，但他所提出的「社會契約論」（主張絕對王權正當化）卻非常重要。他的思想促使日後的洛克和盧梭發展出更為激進的社會契約論。

霍布斯主要的著作是《利維坦》（全名為《利維坦，或教會國家和市民國家的實質、形式和權力》，*Leviathan or The Matter, Forme and Power of a Common Wealth Ecclesiastical and Civil*，又譯《巨靈論》）。利維坦是《舊約聖經》中出現過的一種怪獸。霍布斯引用《舊約聖經．約伯記》第四十一章，說利維坦是「地上沒有其他動物可跟牠相比；牠是無所畏懼的動物。牠連最高傲的動物也不放在眼裏；牠是一切野獸的王。」霍布斯以利維坦比喻國家，可見此一國家，絕對不是和平理性的。

如前所述，霍布斯認為，自然狀態中的人們處於「所有人對所有人的戰爭」的景況中。他在《利維坦》一書中是這麼說的：

> 在沒有一個共同權力使大家懾服的時候，人們便處在所謂的戰爭狀態之下。……因此，在人人相互為敵的戰爭時期所產生的一切，也會在人們只能依靠自己的體力與創造能力來保障生活的時期中產生。在這種狀況下，產業是無法存在的，因為其成果不穩定。這樣一來，舉凡土地的栽培、航海、外洋進口商品的運用、舒適的建築、移動與卸除需費巨大力量

的物體的工具、地貌的知識、時間的記載、文藝、文學、社會等等都將不存在。最糟糕的是人們不斷處於暴力死亡的恐懼和危險中，人的生活孤獨、貧困、卑汙、殘忍而短壽。（《漢譯世界學術名著叢書：利維坦》，商務印書館，黎思復、黎廷弼譯）

這段文字中，最令人印象深刻的是霍布斯對自然狀態的描述。但撇開這點不論，我們可以發現霍布斯非常深入地思考人類的存在狀態。其實，他最關切的並非國家，而是若要創造一個讓人類可以活得符合人性的社會，我們到底需要什麼。

洛克

在了解洛克的思想之前，我們必須先明白他是一名經驗主義者。前一章已經提過，經驗主義論述首先由英國的哲學家培根所提出。洛克則是以經驗主義的角度建立他的社會契約論。他和霍布斯一樣，藉著描繪無政府的自然狀態，來探討國家的理想型態，但兩人所描繪出的自然狀態大異其趣。洛克心目中的自然狀態，從他的論文《政府論》（*Two Treatises of Government*）中可見一斑：

> 為了正確地了解政治權力，並追溯它的起源，我們必須考究人類原來自然地處在什麼狀態。那是一種完備無缺的自由狀態，他們在自然法的範圍內，按照他們認為合適的辦法，決定他們的行動和處理他們的財產和人身，而毋需得到任何人的許可或聽命於任何人的意志。
>
> 這也是一種平等的狀態，在這種狀態中，一切權力和管轄權都是相互的，沒有一個人享有多於別人的權力。極為明顯，同種和同等的人們既毫無差別地生來就享有自然的一切同樣的有利條件，能夠運用相同的身心能力，就應該人人平等，不存在從屬或受制關係，除非他們全體的主宰以某種方式昭示他的意志，將一人置於另一人之上，並以明確的委任賦予他以不容懷疑的統轄權和主權。（《漢譯世界學術名著叢書：政府論下篇》，商務印書館，葉啟芳、瞿菊農譯）

樂觀主義的洛克相信人性本善，對國家的運作有明確規範。從上面的引文可以看出，他認為自然狀態雖然既自由又平等，但有時候也會出現從屬、服從的情形。為了避免這種情形，他認為人們應該要訂定契約，透過國家的運作保障自然權利。如果國家無視人民的意願，暴斂橫徵、一意孤行，人民也有反抗權，甚至可以革命，創建新政權。這就是現代多數民主國家所採用的代議民主制度的思想雛形。洛克的思想，對美國獨立運動與法國大革命都有關鍵性的啟發。

談到洛克，就不能不提一個關鍵字：白板（tabula rasa），意為「什麼也沒有寫的板子」。洛克以此來比喻人的心靈，他認為人在出生時心靈猶如一張白紙，隨著經驗累積，這張白紙上才逐漸刻畫出各種痕跡。在洛克的時代，人們普遍接受先天論，認為人類一生下來就具備了理性和道德。但洛克反對這種主張「能力是與生俱來的」理論，他認為所有事物都透過經驗而烙印在人類心靈上。在這理基礎上，洛克塑造出一個不受任何事物束縛而獨立的人類形象。這個人類形象，深切地影響現代對「人」的形象描繪，並賦予了「人」政治性主體的位置。

盧梭

在盧梭的名著《社會契約論》（*The Social Contract, or Principles of Political Right*）中有一句名言：「人應該是生而自由的，但卻到處被人為的鎖鍊所綑綁。」到底，人為什麼會被鎖鍊綑綁呢？據盧梭的意思，綑綁人類的元兇，就是文明的發展。盧梭非常推崇自然狀態，他認為那才是理想的世界。從他的另一本著作《論人類不平等的起源和基礎》（*Discourse on the Origin and Basis of Inequality Among Men*）中，可以看到他對自然狀態的想法：

漂泊於森林中的野蠻人，沒有農工業、沒有語言、沒有住所、沒有戰爭、彼此間也沒有任何聯繫，他對於同類既無所需求，也無加害意圖，甚至也許從來不能辨認他同類中的任何人。這樣的野蠻人不會有多少情欲，只過著無求於人的孤獨生活，所以他僅有適合於這種狀態的感情和知識。他所感覺到的只限於自己的真正需要，所注意的只限於他認為迫切需要注意的東西，而且他的智慧並不比他的幻想有更多的發展。（《漢譯世界學術名著叢書：論人類不平等的起源和基礎》，商務印書館，李常山譯，東林校。下同）

我個人雖然不認為這種假想中的自然狀態是理想的，但在盧梭的眼中，未開化的自然狀態比起戰禍頻仍、爾虞我詐、追求表面虛榮的文明社會好得多了。盧梭是個纖細敏感的人，這樣的想法來自他對當時社會不平等與頹敗現況的犀利反省。

他也在著作中，以不同的手法多方面描述這理想世界的失落過程。下面我繼續引用《論人類不平等的起源和基礎》中，印象最深刻的一段話：

誰第一個把一塊土地圈起來並想到說：「這是我的」，而且找到一些頭腦十分簡單的人居然相信了他的話，誰就是文明社會的真正奠基者。假如有人拔掉木樁或者填平溝壕，並向他的同類大聲疾呼：「不要聽信這個騙子的話，如果你們忘記土地的果實是大家所有的，土地是不屬於任何人的，那你們就要遭殃了！」這個人該會使人類免去多少罪行、戰爭和殺害，免去多少苦難和恐怖啊！

這段文字是以反諷的筆法寫成，讀的時候不小心就會誤解。盧梭要探討的是「把一塊土地圈起來並想到說：『這是我的』」此一觀念中的愚蠢。盧梭認為，當土地開始變成私有財產，犯罪與戰爭就會發生。盧梭這主張給了我很大的衝擊，我忍不住為盧梭一針見血的見解驚嘆：「對耶，憑一己之意將全人類共同擁有的土地據為私有財產，確實是很奇怪的事。」

盧梭站在這樣的基礎上，探討什麼是理想的社會型態。若要用一句話來概括盧梭思想，那就是充滿理想性的「回歸自然」。但是要如何將已經拋棄自然的墮落社會重建起來，是很大的課題。此處的關鍵字是「公共意志」(general will)。公共意志和全體意志（will of all）不同，前者是指「追求公共利益的意志」，後者則是「追求私人利益的個人意志之總和」。說得具體一點，公共意志通常表現為人民主權或直接民主的形式。至於屬於間接民主的代議制，盧梭批評那是「人民只有選舉的時候才有自由，選舉完就變成奴隸了」。

不過，公共意志有個麻煩的問題。那就是，公共意志真的正確無誤、不會出錯嗎？我認為，將公共意志絕對化是很危險的。盧梭的思想對法國大革命有很大的影響，是促成革命的一大助力，但皇室被推翻之後，醉心盧梭著作的羅伯斯比（Maximilien de Robespierre, 1758-1794）掌握了共和政府，施行恐怖統治，這也是世界史中令人無法忽視的事實。盧梭的革命性思想非常有價值，但否定私有財產這一點要如何落實在現實中，仍需要透過歷史的眼光來驗證。

成長過程與思想的成形

在比較霍布斯、洛克和盧梭三個人的哲學思想時，我越寫越對他們三人的成長過程感到興趣。尤其是盧梭，他的人生可以說是崎嶇坎坷、波折不斷。在查資料時，我深深感到一個人童年和青少年期的經歷，會對他的思想產生多麼重大的影響。因此，接下來我要簡單介紹這三位的生平，探討他們的經歷對其哲思有何影響。

霍布斯生於一五八八年，父親是英國國教派牧師。霍布斯誕生的年代，英國正處於被西班牙無敵艦隊攻打的威脅中，全國上下都籠罩在戰爭陰影裡。同時，英國還發生清教徒革命，政局動盪了好長一段時間。在這樣的時代背景下，霍布斯會發展出「不能任憑社會自然發展，否則人類必定走上歧途」的思想，可說是有某種必然性。霍布斯見識到的現實世界，讓他相信人性本惡。

他十四歲時進入牛津大學就讀，十九歲畢業，獲聘為貴族的家庭教師，同時持續自己的研究。他到歐洲大陸旅行時，認識了笛卡兒。他非常推崇笛卡兒的數學家身份，但對笛卡兒的哲學研究則多所批評。

一六四〇年，霍布斯發表了《法律要旨》(*Elements of Law*)，擁護絕對王權，遭到議會派的攻擊，因而亡命法國。在法國，他開始撰寫《利維坦》。後來他祕密返回英國。王政復辟之後，雖受到查理二世的重用，但因為他主張無神論，他的書被禁止在英國出版。不過霍布斯並未就此停筆，到晚年仍然著述不輟。據說，到死前他仍認為：「能夠找到從這個世界中爬出去的洞穴，是我的幸福。」霍布斯雖然活了九十一歲，非常長壽，但他的一生卻充滿艱辛。

洛克則在一六三二年出生於中產階級的清教徒家庭。父親家經商，但父親未繼承家業，棄商從事律師工作。母親娘家經營製皮業，即所謂的仕紳階級。洛克雖然誕生在革命前夕，但在崇尚樸實簡約的清教徒家庭中長大，讓他養成了人性本善的觀念。洛克和霍布斯一樣就讀牛津大學，不過他主修哲學和醫學。在政治上，他反對專制政治，批判重用霍布斯的英王查理二世。但隨著反對王政的運動失敗，洛克逃亡到荷蘭，直到一六八八年光榮革命（Glorious Revolution）結束才返回英國。

返國後，他不僅在政府擔任公職，也因為身為光榮革命的思想推手而聲名鵲起。洛克原本是以醫師的身份為人所知，光榮革命之後，他思想家的聲望才受到大眾推崇。強調觀察與實驗等實證方法的醫學訓練，強化了洛克的經驗論立場。為什麼洛克會成為經驗論者，從他的成長背景就可略知一二。

和霍布斯與洛克比起來，盧梭可以說是命運多舛。盧梭於一七一二年出生在瑞士的日內瓦，父親是鐘錶師傅，父母都是法國清教徒，家族在十六世紀末為了躲避宗教迫害而逃難到瑞士。他出生不久母親就過世了，而父親在他十二歲時也不知去向。他被送去當金工雕刻的學徒，但在缺乏管教與關愛的環境中，孤獨的盧梭變成了經常偷竊、說謊的不良少年。

十五歲時有一天，他在郊外遊蕩到天黑，回到日內瓦城時，沒想到已經過了打晚鐘的時間，城門已經上鎖，他回不了家。他索性離開日內瓦，從此展開他萍蹤浪跡的人生。因緣際會下，他認識了華倫男爵夫人。在男爵夫人的支持下，他研讀各種學問，也學習歌劇的作曲。不久他搬到巴黎，結識了百科全書學派的學者狄德羅（Denis Diderot, 1713-1784），負責撰寫《百科全書》中的音樂條目。

盧梭頗有音樂方面的修養，可能是受到父親或姑母的影響。父親雖然是鐘錶師傅，但會拉小提琴，也當過舞蹈老師。姑母則是在盧梭小時候經常唱歌給小盧梭聽。日本人耳熟能詳的童謠「緊握手掌再張開」（むすんでひらいて）的旋律，就是改編自盧梭的喜歌劇《鄉村占卜師》（*Le Devin du village*）中的一個段落（不過此一說法尚有爭議）。

就在盧梭努力朝音樂家的夢想邁進時，他和一位名叫黛蕾茲的女性結婚了。他們生了五個小孩，卻把孩子一個一個送進孤兒院。當時盧梭窮得不得了，而且對當時的巴黎人而言，把小孩送進孤兒院是稀鬆平常的事，但這畢竟是盧梭人生的一個汙點。我曾因此質疑盧梭做了這種事，是否還有資格寫教育哲學書《愛彌兒》（*Emile, or On Education*），但我想盧梭本人必定也因此受盡良心譴責。從他晚年赤裸裸地對自己人生追記、懺悔與告解的名著《懺悔錄》（*Confessions of Jean-Jacques Rousseau*）中，可以看到這份悔恨。

盧梭人生的轉機，出現於他的論文《科學和藝術的進步對改良風俗是否有益》（*A Discourse on the Moral Effects of the Arts and Sciences*）參加法國第戎學院的徵文，榮獲入選。這篇論文引起廣大的回響，盧梭也因此聲名大噪。他接著寫下批判社會的《論人類不平等的起源與基礎》（*Discourse on Inequality*），到了《社會契約論》（全名為《社會契約論或政治權利原理》，*The Social Contract, or Principles of Political Right*）出版時，他的思想已臻成熟。

讀者看到這裡，是否也覺得盧梭的人生非常坎坷呢？他的童年和霍布斯、洛克完全不同，在艱苦的環境中長大，度過荒唐的青少年期，因此才會一生追逐理想，至死方休。他是影響法國大革命最重要的一位思想家，卻在晚年時不得不撰寫《懺悔錄》來告解自己的人生，也是一個孤獨的人。

了解霍布斯、洛克和盧梭三位哲學家的成長過程，對於理解他們的思想會很有幫助。在研究國家的理想型態、形塑各自的社會契約論的過程中，他們的童年和青少年期的生活，給了他們巨大的影響。

第八章
勞動與馬克斯

勞動是什麼

人類是必須工作的動物，這是人類跟其他動物非常不一樣的地方。那麼，所謂的「工作」到底是什麼呢？日本哲學家清水正德（1921-）寫了《工作的意義》一書來回答這個問題。這本書探討「工作」在古往今來東西方社會中所蘊含的不同意義。接下來我就參考這本書，帶大家思考一下工作這件事。

在古希臘時代，從事勞動的人主要是奴隸。也就是說，能夠盡量不勞動，有足夠的閒暇參與政治、藝術或格鬥，是最高尚的行為。此外，《聖經》中背叛上帝的亞當和夏娃，被上帝懲罰要終生勞動，以償贖他們的原罪。但在日本，沒有類似的觀念。日本人認為佛法存於勞動之中，江戶時代還有種觀念，認為「誠實地好好工作，別人會變好，自己也會變好」，而這種想法促進了商人階級的發展。歷史進入現代之後，歐洲社會開始肯定勞動的價值，英國的啟蒙時代哲學家洛克曾說：「勞動創造財富，因此是一切價值的泉源。」他認為勞動是有意義的。

至於各位讀者，又是怎麼看待勞動這件事呢？

說說我自己的想法吧，我是一直在工作的人。我的意思不是我當了很久的老師，而是指我從年紀很輕的時候就開始打工，做過各種工作。在當老師以前，我在民間企業上班。更早之前，十五歲剛考上高中的春假，我也在打工（但當時我不曉得這年紀去打工是違法的），這是我第一次透過工作賺到錢。

那時我去手電筒工廠打工，做手電筒的試用品。工作的內容就是把輸送帶上的電池裝進手電筒裡，非常單純，很快就學會。但是要用右手不停地轉開手電筒蓋子，因此手腕必須重複轉動，不久右手的虎口就脫皮了。這份工作相當辛苦，連晚上睡覺都夢到我在工廠上班，老覺得右手在轉手電筒蓋子。這次打工只有一個禮拜，但我一直記得那時心裡的感想是：「工作真的好辛苦啊！」

高中時我到肉舖打工。工作是從中盤商那把肉運到零售店面，有時候也要在店面賣肉品，常被來買肉的主婦半開玩笑地揶揄：「到底有沒有把手洗乾淨啊。」其實不算很辛苦，但在搬運大塊的牛肉時，身體會沾上肉的氣味，工作時那氣味一直揮之不去。

後來父親在我念高中時過世了，因此大學後的生活費得靠自己賺才行，所以我每天都在打工。舞廳的服務生、短期粗工、電影院售票員、鍋爐管理員、舊紙回收等等，另外因為是大學生，也兼過家教。

做過這麼多工作，我的感想是工作賺錢真辛苦。尤其工作會令人覺得疏離，也就是哲學所說的「異化」。我有一回當工人，搬了三十公斤的大石頭去做一間房子的地基，那時特別有這種感覺。一起去的工人覺得「我們在蓋一間氣派的房子」，好像很光榮，我心裡想的卻是「工人薪水這麼低，我們揮汗勞動蓋成的房子，可是要給有錢人住的呢。」

就在此時，我讀到德國哲學家馬克思（Karl Marx, 1818-1883）思想的重要概念「異化」，這概念就在我心裡生了根。此後，我便把「異化」當作研讀馬克思思想的關鍵字。我讀了他的《一八四四年經濟學與哲學手稿》（*Economic & Philosophical Manuscripts of 1844*），感慨很深，也受到這本書的日文版譯者田中吉六（1907-1985）的影響很大。田中吉六沒有正職工作，靠打零工為生，餘暇時將《一八四四年經濟學與哲學手稿》從德文翻譯成日文。在一九六〇、七〇年代的日本學潮時期，大學教授等知識份子的生活方式曾被拿出來討論，作為知識的一種形式。其中，田中吉六的生活方式令人印象深刻。

異化的勞動

我後來因故沒讀完大學，開始每天打工賺錢。有一整年，我的工作是開著載重兩噸的貨車，把報紙從每日新聞總社送到各地的營業處。這段時間裡，我一邊聽著演歌、一邊埋首閱讀《一八四四年經濟學與哲學手稿》。我最喜歡的段落是下面這一段：

那麼，勞動的外化表現在什麼地方呢？

首先，勞動對工人來說是外在的東西，也就是說，不屬於他的本質的東西：因此，他在自己的勞動中不是肯定自己，而是否定自己，不是感到幸福，而是感到不幸，不是自由地發揮自己的體力和智力，而是使自己的肉體受折磨，精神遭摧殘。因此，工人只有在勞動之外才感到自在，而在勞動中則感到不自在，他在不勞動時覺得舒暢，而在勞動時就覺得不舒暢。因此，他的勞動不是自願的勞動，而是被迫的強制勞動。因而，它不是滿足勞動需要，而只是滿足勞動需要以外的一種手段。勞動的異化性質明顯地表現在，只要肉體的強制或其他強制一停止，人們就會像逃避鼠疫那樣逃避勞動。外在的勞動，人在其中使自己外化的勞動，是一種自我犧牲，自我折磨的勞動。最後，對工人說來，勞動的外在性質，就表現在這種勞動不是他自己的，而是別人的；勞動不屬於他，他在勞動中也不屬於他自己，而是屬於別人。……

結果，人（工人）只有在運用自己的動物機能——吃、喝、性行為，至多還有居住、修飾等等的時候，才覺得自己是自由活動，而在運用人的

機能時，卻覺得自己不過是動物。動物的東西成為人的東西，而人的東西成為動物的東西。（中共中央馬列恩斯著作編譯局編譯）

這段關於勞動的敘述，我反覆讀了好多遍。確實，從事重度勞動時，會發生「只有在運用自己的動物機能——吃、喝、性行為，至多還有居住、修飾等等的時候，才覺得自己是自由活動」的狀況。我不禁想起在手電筒工廠和做短期粗工時的辛苦勞動。我不停自問，這樣真的好嗎？

馬克思精闢地闡明，勞動的本質應該是符合勞動者人性的營生行為，但現實中的工作卻變成令人厭惡的事。勞工在工作的時候「不但不覺得幸福，反而覺得自己很不幸」，馬克思借用德國哲學家黑格爾（Georg Wilhelm Friedrich Hegel, 1770-1831）的「外化」一詞來說明這個現象。對馬克思而言，這種型態的勞動已經失去了勞動的本質，變成所謂的「異化的勞動」。

馬克思企圖找出產生「異化的勞動」的原因，他的思想與理論被稱為「馬克思主義」。

馬克思的生平

其實，馬克思自己並非出身勞動階級。他出身中產階級猶太家庭，自幼得到父母的關愛和教養，從小就是個品學兼優的孩子。他父親是律師，母親是家庭主婦。據說，馬克思父親在他出生前後，從猶太教改信基督新教。至於理由，日本學者小牧治在他的著作《馬克思》中說：「各種說法莫衷一是，但關於最主要的動機，比較妥當的說法還是受到啟蒙主義中自由主義思想的影響。對住在自由的土地上、嚮往法國啟蒙主義的律師而言，最忠於自己的選擇並非服從外在的啟示或儀式，而是投身重視內在信仰的基督教。」馬克思的父母都出身拉比（猶太教中解釋神諭與律法的學者）家族，不可能說改宗就改宗，而且馬克思父親改信的不是傳統的天主教，而是新興的基督教，這決定想必經過相當多的考慮。

馬克思深受父母影響，也成為自由主義思想的擁護者。十七歲從文理中學畢業時，他寫了一篇名為〈青年選擇職業時的思考〉的作文。在這篇文章中，他對工作與職業的想法已經萌芽。在前述《馬克思》一書裡，記載了這篇作文的大意，引用如下：「就算如此，我們還是必須選擇能夠獲得高貴榮譽的職業，而非成為受他人奴役的道具。青年選擇職業的指南針，應該是人類的福祉與自我的完成。」

這種想法非常理想主義，而且竟然出自一個十七歲的少年，令人咋舌。這篇文章已經蘊含了馬克思日後的思想——不是指歌頌與工作有關的理想，而是指對現實中勞動到底有多麼悲慘的疑問，這質疑後來催生出「異化勞動」（Alienated Labor）理論。

馬克思從文理中學畢業後，進入伯恩大學攻讀法律，但隨即轉學到柏林大學讀法律和哲學，同時也和大他四歲的燕妮．馮．威斯伐倫（Jenny von Westphalen）陷入熱戀。燕妮出身貴族，兩人是青梅竹馬。她曾和別的貴族有過婚約，但最後還是選擇馬克思。燕妮是他終身的精神支柱，馬克思不能沒有她。

從柏林大學畢業後，馬克思擔任《萊茵報》的主編。其實他本來想尋求大學教職，但他的思想過於基進，使教授之夢為之破滅。如果馬克思真的如願進大學教書，也許世界史就要大改寫了。

馬克思主編《萊茵報》之後，成了人民、特別是窮人的代言者，批判政府和教會不遺餘力。當時的普魯士政府視他為眼中釘，將《萊茵報》給查禁了。

不久馬克思和燕妮成婚，遷居巴黎專心著述，寫了《論猶太人問題》（*On the Jewish Question*）、《黑格爾法哲學批判》（*Critique of Hegel's Philosophy of Right*）和前面提過的《一八四四年哲學和經濟學手稿》。沒想到普魯士政府繼續向法國施壓，法國政府便將馬克思驅逐出境，夫婦倆被迫搬到比利時布魯塞爾，繼續寫作。在這段期間，他們生了孩子，但生活非常困苦。

馬克思的友人中特別值得一書的，是摯友恩格斯（Friedrich Von Engels, 1820-1895）。恩格斯不只在精神上支持馬克思，在經濟上也經常資助他。恩格斯是富家子弟，父親擁有大工廠，他還沒讀完高中就被家裡要求學做生意，於是一邊工作、一邊研讀哲學和經濟學。他自己也有不少著述，例如《社會主義從烏托邦到科學的發展》（*Socialism: Utopian and Scientific*）、《家庭、私有制和國家的起源》（*The Origin of the Family,*

Private Property, and the State: in the Light of the Researches of Lewis H. Morgan），他還花了極大的心思整理馬克思的遺稿，出版《資本論》（*Capital: Critique of Political Economy*）第二卷與第三卷。不論在精神或物質層面，他都為馬克思提供最大的支援。

當時歐洲共產主義者的武裝革命層出不窮，比利時國王忌憚馬克思的影響力，將他驅逐出境。這回他們無法回法國，迫不得已只好亡命英國。在倫敦，一家人仍然過著貧困的生活，甚至連孩子生病了都沒錢看醫生，只能眼睜睜看著孩子病死，連辦喪事的錢都沒有。但即使在這種逆境中，馬克思依然為了研究經濟學到大英博物館的閱覽室讀書寫作。而且，馬克思不只是一個撰述學者，更是實地參與活動的實踐者，每天都非常忙碌辛勞。

妻子燕妮去世後，馬克思彷彿追隨她的腳步似的，四年後也過世了。馬克思雖然身為社會主義的開山祖師而備受後人崇拜，但對我而言，難以忘懷的卻是在愛之中度過一生的馬克思。

馬克思主義的基礎

接下來，我會大略介紹馬克思的哲學。馬克思的思想以馬克思主義之名聞名於世，被譽為實現社會主義的行動方針，對二十世紀的世界影響非常巨大。

若借用俄國革命領袖列寧（Lenin, 1870-1924）的話來解釋馬克思思想的三大源頭，那就是德國古典哲學、英國古典經濟學和法國社會主義。下文就根據這個架構，來解釋馬克思的哲學。

這裡所謂的德國古典哲學，是指德國哲學家費爾巴哈（Ludwig Andreas Feuerbach, 1804-1872）所提出的唯物論。費爾巴哈的學說主要是對黑格爾哲學和基督教提出批判。馬克思的學說承襲了黑格爾的辯證法（dialectic），辯證法是一種思考法，認為所有的事情都在矛盾和對立當中不斷發展下去。黑格爾認為事物的進行有三階段：正、反、合。他在《精神現象學》（*The Phenomenology of Spirit*）的前言中寫道：「花朵開放的時候花蕾消逝，人們會說花蕾是被花朵否定了的；同樣地，當結果的時候花

朵又被解釋為植物的一種虛假的存在形式，而果實是作為植物的真。」（北京商務印書館，賀麟、王玖興譯）

這段文字有點難懂，我簡單說明如下。假設這裡有一朵花苞，它將會變成花朵。換個角度來說，花苞被花所否定了。接著再發展下去，花也會被否定，因為花會變成果實。在這裡，花苞的階段可以稱為「正」，花朵的階段可以稱為「反」，果實的階段就是「合」。

辯證法一詞的原意是對話法或問答法，在這裡我們也套用對答的方式來說明。假設A先生主張某件事（此即為「正」），但B先生反對這件事（此稱為「反」）。兩人討論之後，產生了新的觀點，達成了一個兩人都同意的結論（此即是「合」）。從這個例子可以看出，正反雙方的對話非常重要。

然而，黑格爾的辯證法主要在探討精神層面，他認為世上所有事物，包括大自然，都根源於精神層面。歷史也是精神實現了自由的過程。馬克思雖然承襲辯證法的思考方式，但他認為辯證法應該用在物質層面，而不是精神。他認為物質才是一切的源頭，連精神也是產生於物質的發展過程之中。因此，馬克思的學說被稱為「唯物論」。

在思想上幫助馬克思超越黑格爾的，就是費爾巴哈的學說。費爾巴哈也深受黑格爾哲學的影響，但他對宗教提出嚴厲的批判，他認為神只不過是人類內在本性的向外投射而已。他也反對附屬於宗教的神學。馬克思從費爾巴哈的學說中，汲取了唯物論的思想。

英國古典經濟學，是指亞當．史密斯（Adam Smith, 1723-1790）和李嘉圖（David Ricardo, 1772-1823）的經濟學。亞當．史密斯生於蘇格蘭的一個港口城市，父親是關稅查帳員。亞當．史密斯可能因為身體虛弱，終身未婚。他原本在大學教邏輯學和倫理學，後來辭去教職到歐洲大陸旅行，結識了許多啟蒙思想家，受到啟發，之後回到英國便埋首於經濟學的研究工作，寫下著名的《國富論》（全名為《國民財富的性質和原因的研究》，*An Inquiry into the Nature and Causes of the Wealth of Nations*）。

亞當．史密斯闡述了市場供需規則，奠定今日資本主義的理論基礎。他也肯定人類的「利己心」，這「利己心」與出現在現代之前的「道德心」是相對的。他認為人類追求利益跟幸福是天經地義的事情。此外，他還主張在自由競爭的市場中，需要和供給之間的平衡自然會由一隻「看不見的手」來決定，政府不可以多管閒事干涉市場運作。

馬克思鑽研古典經濟學之後，發現在這樣的理論中，勞動者幾乎不會出現「異化」的狀況，而且廢除私有制當然也無法達到解放人類的目標。

馬克思主義的第三個源頭：法國社會主義，則是由聖西門（Claude Henri de Rouvroy, 1760-1825）、歐文（Robert Owen, 1771-1858）和傅立葉（Charles Fourier, 1772-1837）等多位思想家所提出。他們反對資本主義下的不平等和對工人的壓榨，倡言建立一個沒有資本主義弊端的理想社會。但是這樣的理想社會要如何建造，他們卻沒有提出具體辦法，因此被恩格斯稱為「烏托邦社會主義」。不過這樣的社會主義卻給了馬克思許多思想的養分。

馬克思對上述諸種理論既採取批判態度，又汲取其精神加以發揮，最終創造了嶄新的思想。

馬克思的著作

下面我引用馬克思著作中知名的段落，讓大家更加了解他的思想：

一個幽靈——共產主義的幽靈——在歐洲遊蕩。古老歐洲的所有勢力已結合成神聖的同盟，包括教宗與沙皇，梅特涅和基佐，法國的激進黨人和德國的密探，好驅除這個幽靈。（《共產黨宣言》，麥田出版，黃煜文譯）

這段有名的文字是《共產黨宣言》（*The Communist Manifesto*）開頭的第一句話，修辭表現之強烈不用說，更讓人驚訝的是，馬克思寫這本書時只有三十歲。

接下來，在第一章〈資產者和無產者〉中，他這麼寫道：

至今為止，所有人類的歷史都是階級鬥爭的歷史。

自由人和奴隸，貴族和平民，地主和農奴，行會師傅和傭工，總括的說，壓迫者和被壓迫者，自始至終處於相互對抗的地位，不間斷的進行或隱或顯的鬥爭，每一個鬥爭的結果，不是整體社會得到革命性的改造，就是參與鬥爭的各個階級玉石俱焚。（《共產黨宣言》，麥田出版，黃煜文譯）

馬克思以階級鬥爭的角度看待社會的歷史。他所生活的時代是資產階級的時代，但馬克思預言此後無產階級（勞動者）將會抬頭，社會將分裂為兩個對立的階級。這種以階級對立和鬥爭來分析歷史的史觀，影響了後世許多歷史學家。

所以，工資不是工人在他所生產的商品中佔有的一份。工資是原有商品中由資本家用以購買一定量的生產性勞動力的那一部分。

總之，勞動力是一種商品，是由其所有者即雇傭工人出賣給資本的一種商品。他為什麼出賣它呢？為了生活。（線上中文馬克思主義文庫）

這段話出自《雇傭勞動與資本》（*Wage-Labour and Capital*）。在這本書中，馬克思集中火力探討勞動者把勞動力當作商品賺取工資一事。原本勞動應該是勞動者生命的活動、自我的展現，現在卻變成僅僅是確保生活的手段，而且由勞動者自己把勞動力賣給資本家。馬克思藉由分析勞動的本質，讓資本主義的問題浮上台面。

> 不是人們的意識決定人們的存在，相反，是人們的社會存在決定人們的意識。（《政治經濟學批判》，北京人民出版社）

這句話引用自《政治經濟學批判》（*A Contribution to the Critique of Political Economy*）的序言。所謂社會存在是指人們的物質生產活動，馬克思認為它可以決定人們的意識，而不是倒過來由人們的意識來決定人們的存在，一如黑格爾所主張的。

馬克思主義的道路

一九七一年馬克思過世之後，他的追隨者列寧在俄國發動了大革命。革命成功，蘇維埃聯邦建立，由無產階級主政的理想政治應該就能實現了。然而蘇聯建立之後，列寧的繼承者史達林（Joseph Stalin, 1878-1953）與死對頭托洛斯基（Leon Trotsky, 1879-1940）之間的政治鬥爭、史達林所發起的「大清洗」肅反運動、美蘇兩強之間的核戰危機等卻接連而起，導致民不聊生。但另一方面，馬克思和列寧的思想風潮卻席捲全球，所至之處革命風起雲湧，全世界都捲入革命的狂瀾中。不論是東歐、中國、中美洲和亞洲，都出現了許多高舉社會主義旗幟的國家。

這些革命者的初衷，都是想要改善勞工和農民的悲慘命運。他們的想法非常純真，但他們所建立的國家，多數卻淪落為官僚主義盛行的專制國度。一九八九年，民怨終於爆發，分隔東西柏林的柏林圍牆被推倒，隔年十月三日東德與西德統一。說是統一，但其實是實施社會主義的東德被實施資本主義的西德所接收。也就是說，社會主義國家東德消失了。沒多久，一九九一年十二月二十五日，蘇聯也解體了。之後，社會主義國家便骨牌效應似地一個接著一個垮台。

對我來說這是相當震撼的事。馬克思為了解放悲慘的勞動者，以科學方法構築了社會主義；列寧實現了社會主義國家的夢想，建立了蘇聯，最後蘇聯卻在一夕之間崩解。這時我才明白，所謂社會主義國家是如何背離了理想，貧窮、不自由、不平等的狀況是多麼嚴重。

這當然不是馬克思當年所冀望的社會主義，但人們也只能繼續追求理想，別無他途。中國和越南在政治體制上採取社會主義，但在經濟制度上則選擇了市場經濟，國家也因此獲得發展。由此證明，社會主義的計畫經濟是行不通的。

全盤思考了社會主義的發展和現狀之後，我覺得馬克思是個理想主義者，但他太輕忽人的「欲望」。現今的世界被全球化風潮與新自由主義所支配，情況相當嚴峻。因此我們有必要重新審視馬克思的思想，以歷史眼光來檢討，讓它在新世界的舞台上再度發揮所長。

第九章
沙特與李維—史陀

從馬克思到沙特

在馬克思主義席捲世界的時代，有一群人意識到馬克思主義並未探討「人的本質」這個問題，遂轉而投向法國哲學家沙特（Jean-Paul Sartre, 1905-1980）的懷抱。因為，沙特是一位正面探問「人是什麼」、「人的自由為何」等問題的哲學家。馬克思把「人」當成一個整體類型，但有些人覺得如此一來，每個人的個別化問題便被忽略了。「我」這個主體，如果被收編到「類」裡面，很容易喪失獨特性。有些馬克思主義者確實只把人作為革命奉獻的工具。無產階級文學描寫人的方式也很狹隘，例如戀愛這樣複雜的人類感情是文學中經常出現的主題，但在無產階級文學中卻往往被簡化，只與革命結合在一起。

上述這群人雖然對馬克思主義有共鳴，但他們想更進一步思考人類的問題，便讀起沙特的書。沙特自己並不反對馬克思主義，他說：「馬克思主義的主張我大部分都贊成」，他的工作可以說是補足馬克思主義中人類論的空白。

沙特是思想家，也寫小說和劇本，並實際參與社會運動。他的言行、生活方式，給了當時的學生和知識份子很大的影響。比方說，他和著有《第二性》（*The Second Sex*）的女哲學家西蒙・波娃（Simone de Beauvoir, 1908-1986）是志同道合的伴侶，但他們沒有結婚，而是創造了「契約婚姻」。這是一種嶄新的伴侶關係，兩人就算結了婚也可以有各自的愛人，而且還要向對方報告，是一種非常基進的婚姻型態。一夫一妻制會使女性婚後被家庭所束縛，因此波娃不願遵守這制度，嘗試以自由的型態來實驗新的婚姻形式。不過事實上在這段關係中，沙特比較任性，而波娃比較常煩惱。

沙特也得過諾貝爾文學獎，但他拒絕領獎。他說：「不管是怎樣的人，只要活著，就不值得把他神化」，令人敬佩。沙特曾訪問過日本，對日本的知識份子很有影響力，例如作家野間宏（1915-1991）跟大江健三郎（1935-）就深受他的啟發。

存在主義

沙特的哲學被稱為「存在主義」（Existentialism）。「存在」的意思，是指生存於現實中。在著作《存在主義是一種人道主義》（*Existentialism is a Humanism*）中，他做了精闢的說明。

但在介紹這本書之前，我先以我自己的話來說明什麼是存在主義。假設，教室裡有一群高中生正在上課。他們所使用的鉛筆，是為了什麼而存在呢？是為了要書寫。那麼橡皮擦又是為了什麼而存在呢？當然是為了把寫錯的字擦掉。椅子，是為了給人坐而存在。日光燈，是為了照明而存在。也就是說，這些物品是為了某一個目的（本質）才存在。也就是說，為了「書寫」這個目的（本質），鉛筆才存在；為了「擦掉錯字」這個目的（本質），橡皮擦才存在。

那麼請問讀者，您這個「人」是為了什麼才存在呢？被這麼一問，每個人的答案都不一樣。有人會說，他是為了家人而存在。另一個人說，是為了愛，也許還有人會說，是為了藝術而存在。大家可以看出來，人跟物品不一樣，不是先有了本質才存在，而是先存在，然後才出現各種存在的目的。沙特討論這個題目時，舉的例子是裁紙刀。關於「存在」與「本質」，他在《存在主義是一種人道主義》中是這樣寫的：

當我們說存在先於本質，這到底是什麼意思呢？意思是，首先，有人存在，他在世界中遇見自己、展現自己，然後才能給自己下定義。在存在主義者眼中，人是無法定義的，因為人類一開始的時候什麼也不是。他能夠定義自己是後來的事了，他會變成自己所認為的那樣的人。因此人性是不存在的，因為創造「人性」這個概念的上帝並不存在。人就只不過是人。他不只是自己所認為的自己，更是他所希望的自己，而且他存在之後才能認為自己是什麼，一如他躍入存在之後才能希望自己是什麼。人除了自己所塑造出來的自己之外，什麼都不是。這就是存在主義的第一原則。

沙特在這本書中否定了上帝的存在，也因此他的思想被稱為無神論存在主義。另一方面，沙特則將丹麥哲學家齊克果（Søren Aabye Kierkegaard, 1813-1855）與德國存在大師雅斯培（Karl Jaspers, 1883-1969）的思想歸類為有神論存在主義。齊克果和雅斯培的思想之所以被歸類為存在主義，是因為他們非常重視主體性。

簡單介紹一下齊克果。齊克果在丹麥首都哥本哈根大學讀神學，據說二十二歲時到丹麥最大的島嶼西蘭島（Zealand）旅行時，對存在的議題有所覺醒。他在後來的日記裡寫道：「對我而言，我需要發現一個像是真理的真理，需要發現一個讓我為此而生、為此而死的理想。」要注意，齊克果所說的真理不是黑格爾所謂的普遍真理，而是指對自己、對個人而言的真理。

齊克果個性非常纖細敏感，一生煩惱不斷。他自幼和父親不睦，在他心裡留下了憂鬱的後遺症。他父親童年生活困苦，曾經為此詛咒上帝。父親在妻子過世後強暴了女僕，後來女僕懷孕，父親便娶她為妻，這位女僕就是齊克果的母親。齊克果知道這件事時，心中的震撼不言而喻。此外，齊克果的兄姊都早逝，他自己也因為取消了婚約，受到許多指責。

生命中的種種痛苦糾葛，使齊克果逐漸從追求瞬間快樂的審美存在，轉向探究依循良心的倫理存在，接著，更轉往追尋上帝的信仰生活的宗教性存在。他認為自己就是站在上帝面前的一個孤獨的人。他的思想和生活方式，使他被認為是存在主義的先驅者。

而沙特和齊克果不同的地方在於，他指出如果承認了神的存在，那麼人的存在就是虛假的，因為人的本質將變成掌握在神手中。沙特主張，唯有秉持無神論，存在主義的邏輯才是一以貫之沒有矛盾的。

存在主義的關鍵字

沙特以前述的存在主義定義為基礎，提出他對人類應該如何生活的看法。下面就來舉幾個例子。

如果人在塑造自己的本質之前就已經存在，那麼人就可以把自己投向未來，自己決定要過怎樣的人生。因此，人類既是自由的存在，而且因為人類不把自己託付給上帝，他「也被判處了一道叫做自由的刑罰」，必須靠自己來開創自己的存在。

人生在世，或多或少可以做一些選擇，但沙特認為，選擇這個行為不單只是個人性的，全體人類的生存型態或發展方向，都是我們可以選擇的項目。比方說，選舉時不去投票，不只是個人不去投而已，以沙特的話來說，人人都有不去投票的選擇，這也是一種選擇。因此，這可能就會演變成放棄了經由流血革命才好不容易獲得的選舉制度。沙特將「選擇」引伸為社會性的行為，他非常重視「介入（社會）」（即社會參與），這個詞甚至可以說是他思想的關鍵字。他有一句名言：「試問自己在做的事情，如果每個人都做，那會怎樣呢？」

沙特高唱存在主義就是人道主義。所謂人道主義，是指尊重人性、解放束縛或壓抑的思想。一如本章開頭所說，馬克思主義所缺漏的人道主義面向，改由存在主義補足了。從《存在主義是一種人道主義》這個書名也可看出，沙特想要探討人道主義。前面我也說過，以人道主義為基礎的存在主義思想在日本也蔚為風潮。

我個人非常喜歡沙特。馬克思主義雖然邏輯清楚，但只要看看蘇聯和中國，就能明白理想和現實之間的差距有多大，而且日本有些自稱為馬克思主義者的人每天只知道結黨鬥爭，狠起來甚至自相殘殺。那是在七〇年代初發生的事。因此我雖然熱中於馬克思思想，但我也覺得重視人類主體性與自由的沙特思想很有啟發性。

從存在主義到結構主義

但隨著時間推移，存在主義也跟馬克思主義一樣褪色了，人們不再把它掛在嘴邊。因為以馬克思主義為依歸的社會主義國家，很明顯並沒有讓人民幸福，而補強馬克思主義的存在主義也受到牽連，快要乏人問津。此外，法國當代思潮日漸風行，取代了馬克思主義和存在主義的地位。我自己原本對馬克思主義和存在主義充滿熱情，但後來發現若要分析、理解這個世界，這兩種思想似乎派不上用場。簡而言之，馬克思主義很好，但要實踐時問題很多；沙特說主體很重要，但並非所有事情都能靠主體來辦到。

此時，我接觸到法國當代思潮。什麼是法國當代思潮，後文我會解釋，此處我想先說明它的先聲「結構主義」（Structuralism）為何。

結構主義不屬於哲學領域，由法國文化人類學家李維－史陀（Claude Lévi-Strauss, 1908-2009）和瑞士語言學家索緒爾（Ferdinand de Saussure, 1857-1913）率先揭開序幕。由於是李維－史陀令結構主義廣為流傳，接下來我先介紹他的生平和思想。

李維－史陀是法國猶太人，在巴黎近郊的凡爾賽鎮長大。他就讀巴黎大學，主修哲學和法學，同時以學生身份參與許多政治活動。他出任「社會主義學生團體」秘書長，也擔任社會黨議員的政策秘書。他跟沙特一樣醉心社會主義，在當時幾乎沒有年輕人不受馬克思主義或社會主義的薰陶。這是現代思想家的共通點。

他畢業後跟西蒙．波娃以及後來提出「身體感的哲學」的知名法國學者梅洛－龐帝（Maurice Merleau-Ponty, 1908-1961）一起參加哲學教師資格考前的實習。這年度的實習生可說是陣容堅強哪。兩年後李維－史陀通過資格考，隔年前往法國南部擔任高中哲學老師。但他似乎對當高中老師沒多大興趣，三年後便辭掉工作，遠赴巴西聖保羅大學教社會學。

在巴西他沒有參加政治活動，而是得了空便深入亞馬遜流域的原住民部落，去做田野調查。從此李維－史陀找到他真正的志業，根據此時的研究調查寫下《親屬的基本結構》（*The Elementary Structures of Kinship*）。後來更出版了膾炙人口的《憂鬱的熱帶》（*Tristes Tropiques*）和《結構人類學》（*Structural Anthropology*），「結構主義」成了巴黎人琅琅上口的一句話。

李維－史陀在巴西雨林與原住民一起生活時，有許多驚人的發現。在研究近親通婚的禁忌時，他以「女性的交換」這個「結構」來說明形成此一禁忌的原因。這個理論說來相當複雜，在此省略，但這理論其實非常有趣，而且可以藉此了解李維－史陀的中心思想，有興趣的讀者不妨從較淺白的《憂鬱的熱帶》入手，也許較能掌握要領。

此外，他把原始社會的思考法稱為「野性的思維」。他認為野性思維絕對不遜於文明的思考法。野性思維的對象雖然不是抽象事物，而是動物、植物、昆蟲等具體的對象，但他發現這種思維背後卻有縝密的理論可以佐證。他批評道，一般人認為原始部落比歐洲社會低等，這種看法純粹出於歐洲社會的傲慢。他甚至說，原始社會敬畏大自然，他們才是歐洲社會應該學習的對象。

結構主義的興起，將看不見的「結構」搬上檯面分析，對歐洲社會中日漸普遍的民族優越感不啻是一記警鐘。

對沙特的批判

李維-史陀對沙特也有所批判，而且這些批評在某種程度上可說是動搖了存在主義的基礎。他在《野性的思維》（*The Savage Mind*）一書中向沙特致敬的同時，也提出了對他的批判。雖然有點長，但因為可以看出他學說的理論根據，所以還是引用如下：

想要為物理學奠定基礎的笛卡兒把人（l'Hommem）與社會割裂開來。自言要為人類學奠定基礎的沙特則把他自己的社會與其他社會割裂開來。希望做到純淨不染的「我思」陷入個人主義和經驗主義，並消失在社會心理學的死胡同裡。因為值得注意的是，沙特企圖據以推導出社會現實的形式條件的起點的情境——罷工、拳擊比賽、足球賽、公共汽車站的排隊——都是社會生活中的次要的偶然事件，因而它們不可能有助於揭示它的基礎。

這個基本原則與人種學家※的基本原則是相距甚遠的，當他感覺到相當接近沙特，也就是說每當沙特以無與倫比的技巧，努力在其辯證運動中去把握我們自己社會中當前與過去的社會經驗時，這個基本原則更加令人失望了。沙特做的正是每一位人種學家打算在那些不同的文化中所要做事情：使自己置身於那裡生活的眾人的地位，理解他們的意願中的原則和方式，以及領悟作為有意義的組合整體的某一時期或某一文化。在這方面，我們經常從他那裡吸取教益，但這類教益是實踐性的而非理論性的。……我們對於沙特的現象學深表敬意，然而可以期望在其中找到的只是一個出

發點，而不是一個終止點。（《野性的思維》，聯經出版，李幼蒸譯）

因為李維–史陀曾和西蒙．波娃一起接受哲學教師資格考的實習訓練，他跟沙特是有交情的。但當他遠離馬克思主義，引發爭論之後，兩人就漸行漸遠。沙特雖然對馬克思主義懷抱同情，但他並未加入共產黨，只是以個人身份發言。而李維–史陀雖曾是活躍的馬克思主義者，但後來他遠赴巴西開始研究原住民，對馬克思主義的歷史認知和歐洲中心的思考方式便打上問號。

相對於沙特強調主體，李維–史陀則把關注的焦點放在主體之間的結構。他認為，絕對的主體並不存在，主體是置身於結構中，受到結構的牽制而行動。

兩人都是法國一流的學者，都無法接受對方論點、互相批判，這是難免的。正因為有這樣的交情，又有對立的張力，因而提高了思想的嚴謹

※譯按：即人類學家。

度，才有可能誕生領導世界的思想家。

深化結構主義的思想家

文化人類學與哲學分屬不同學術領域，從文化人類學中，誕生了領導現代世界的思想。追隨結構主義的學者不只有哲學家，也有許多學者從鄰近領域投身於此，其中有一個特立獨行的人，叫做傅科（Michel Foucault, 1926-1984）。

傅科是學術圈中的異數，他總是以光頭形象出現，是公開出櫃的同性戀者，五十七歲時因愛滋病病逝。他研究的焦點集中在犯罪、精神異常、性等方面，他擅長解讀大量資料，作為學術基礎。想要用簡單幾句話解釋傅科的理論是不可能的，但在此我想介紹一下他某個驚人的觀察。他發現，醫院、監獄、學校等建築都基於同一個構造而建，將規定內化於建築中，進而馴化身處其中的人的身體。

傅科能夠呼喚出眼睛所看不見的深層結構。確實就如傅科所言，不管是醫院、監獄或學校的建築，形式都很相似，每一層樓都設有走廊，而且沿著走廊分設許多小房間。傅科闡明了深藏在建築結構中的權力佈建。傅科的著作原本被視為結構主義的書籍，但他似乎不願被稱為結構主義者，因此現在他的書有時會被歸類到後結構主義中。

結構主義不能算是一種意識型態，也許說它是方法論較為合適。以結構主義的方法來思考的學者，似乎不喜歡被稱為結構主義者，大概不願被框限住。

被稱為結構主義者的知名人物，還有法國學者羅蘭・巴特（Roland Barthes, 1915-1980）。羅蘭・巴特曾寫過文學批評書《故事的結構分析》（*An Introduction to the Structural Analysis of Narrative*）、《文本的快樂》（*The Pleasure of the Text*），在這兩本書中，他企圖跳過文學作品的作者，直接從文字本身來分析、認識文學。他也研究過服裝，寫下《流行體系》（*The Fashion System*）。他曾訪問過日本，寫了觀察敏銳的《符號帝國》（*Empire of Signs*），非常有名，在日本很有影響力。羅蘭・巴特擅長藉著淺白的文筆挖掘出深埋於文學作品等諸種文本內部的「結構」。他最後因車禍亡故，令人惋惜。

但對我來說，最令我惋惜的是法國哲學家阿圖色（Louis Pierre Althusser, 1918-1990）。阿圖色極為優秀，在法國最高學府高等師範學院教書，是法國共產黨員。他深研馬克思主義，提出許多洞見，但不知為何罹患了精神疾病、殺害妻子，最後被送進精神病院。難道是因為窮究馬克思主義的本質，而在精神上出現問題嗎？

回到李維-史陀。他相當長壽，二〇〇九年過世，得年一百歲。我想他這一生很幸福。同年十一月四日的朝日新聞，有一篇題為〈思想家李維-史陀逝世〉的報導，原文照錄如下：

> 根據法國媒體三日報導，二十世紀的代表性思想家、享有「結構主義之父」美譽的法國文化人類學者李維-史陀日前過世，享年一百歲。其著作《憂鬱的熱帶》帶給人文社會科學全面性的巨大影響。
>
> 法國媒體報導，李維-史陀於十月三十日在法國中部利涅羅萊的住處過世，葬禮已經舉行。十月二十八日，李維-史陀原定要歡度一百零一歲

的生日。近年他雖幾乎不再公開露面，但據說頭腦依然非常清楚。

李維－史陀生於一九〇八年，出身猶太家庭，於巴黎大學主修哲學、法學，於一九三五至一九三七年間赴巴西聖保羅大學任教，並研究巴西原住民。一九五五年，他根據在巴西田野調查的結果，發表了《憂鬱的熱帶》一書，徹底探究原始社會結構，獲得極大迴響。

他藉著比較原始社會的婚姻型態，提出人類社會、文化具有共通不變的結構，這號稱為結構主義式的思維帶給學術界極大震撼。他強烈反對現代思想中的歐洲中心主義，也批判沙特的存在主義，引領思想界的時代潮流。李維－史陀非常喜歡日本，曾來訪過日本數次。

直到前幾年才去世的李維－史陀，是跟我們生活在同個時代的思想家。

第十章
從尼采開始進入當代思想

我第一次讀到德國哲學家尼采（Friedrich Wilhelm Nietzsche, 1844-1900）的書，是在高中的時候。那時我幾乎看不懂。他的書寫形式很奇特，都是片段的文字，不然就是比喻式的格言。我想背後應該有強烈的寓意，但就是無法理解，只留下「這文章應該是要傳達些什麼」的印象。看不懂歸看不懂，卻很吸引我。我模模糊糊地猜，這大概是詩吧。下面就介紹典型的尼采文字給大家，出自他的名作《查拉圖斯特拉如是說：一本寫給所有人及不寫給任何人的書》（*Thus Spoke Zarathustra: A Book for All and None*）：

我來教你們做超人。人是應當被超越的，你們是否努力過要去超越過人類自身呢？

迄今一切物種均已超出自己之上，難道你們願作巨流中的退潮，寧可返回獸類而不肯超越人類嗎？

我要告訴你們有關精神的三種變形：精神如何變成駱駝，駱駝如何變成獅子，最後獅子如何變成孩童。

孩童是天真而善忘的，一個新的開始，一個遊戲，一個自轉的旋輪，一個原始的動作，一個神秘的肯定。（《查拉圖斯特拉如是說》，志文出版社，余鴻榮譯）

讀者們了解這些文字的意思嗎？如此充滿比喻、不連貫的片段，我覺得非常難懂。接下來，藉著探索尼采的生平和思想，透過他的想法和話語，或許我們可以一窺尼采思想的大概，嘗試明白上述段落的意義。

尼采的一生

一八四四年，尼采出生於德國（當時為普魯士王國）大城萊比錫近郊的一個村落。尼采的父親是基督教路德教派的牧師，祖父也是牧師，母親娘家也出了許多牧師。尼采後來以非常諷刺的筆法對基督宗教提出強烈批判。不過，許多思想家、哲學家都會批判自己所出身的文化、社會，進而改變觀念，新的思想方能破蛹而出，這似乎是相當自然的過程。

尼采小時候是個性格認真、纖細敏感、喜歡獨處的孩子，有個綽號叫作「小牧師」。他進入名校普夫達中學就讀，課程以古典教育為主，有許多哲學、文學課程。中學住校的生活，和他小時候在鄉下牧師家庭中的生活非常不同。

一八六四年從中學畢業後，尼采進入伯恩大學就讀，主修神學、哲學、文獻學等，卻在一年後為了追隨他的語文學（Philology）教授里奇爾（Friedrich Wilhelm Ritschl, 1806-1876）而轉學到萊比錫大學。尼采因為仰慕這位教授，決心投身語文學的研究。語文學是一種以語言的角度，研究古希臘、古羅馬文化的學術領域。做這種學問需要耐得住性子，孜孜矻矻地埋首卷籍，而尼采很有興趣。

這時，尼采也在二手書店買到德國哲學家叔本華（Arthur Schopenhauer, 1788-1860）的著作《作為意志和表象的世界》（*The World as Will and Representation*），一讀之下大為傾倒。他也熱愛德國音樂巨擘華格納（Wilhelm Richard Wagner, 1813-1883）的音樂，後來跟華格納結為朋友。這兩位大師影響尼采甚巨。大學畢業後，里奇爾教授認為尼采是個難得的人才，推薦才二十四歲的尼采到瑞士巴塞爾大學擔任語文學教授。

然而，尼采一直為嚴重的偏頭痛所苦，教了十年書之後終於因為健康因素，不得已辭去大學教職。尼采晚年陷入精神異常狀態，發病原因以遺傳因素居多，他的親戚中有許多人出現偏頭痛、精神分裂、歇斯底里的症狀。另有一說，認為尼采精神出問題是因為罹患梅毒，但這種說法沒有具體的證明。

尼采的偏頭痛和健康狀況持續惡化，為了調養身體，從大學退休之後，他搬到氣候比較溫和的義大利跟法國南部居住。在這個時期，他開始專心撰述。

尼采在阿爾卑斯山中的湖畔散步時，腦中閃現了「永劫回歸」（即永恆輪迴）的概念，因而構思出《查拉圖斯特拉如是說》一書的大綱。接著，他只花了十天就寫下第一部。但是這本書賣得不好，寫到第四部時沒人願意出版，尼采只好自己出錢印了四十冊，送給七位親朋好友。

四十四歲時，他寫下《反基督：對基督宗教的詛咒》（*The Antichrist*）、《瞧！這個人：尼采自傳》（*Ecce Homo: How One Becomes What One Is*），此時外界對尼采的評價才開始好轉，但他已經出現精神異常的症狀，住進精神病院。此後十年，他的精神狀態始終沒有恢復，最後以五十五歲的英年在威瑪辭世，時間是一九〇〇年。

掌握尼采思想的關鍵字

要了解尼采思想，首先得掌握幾個關鍵字。試解說如下。

尼采說：「上帝已死。」尼采是否定基督宗教的。他認為，基督宗教是弱者的道德，是充滿怨恨（ressentiment）的宗教。他認為基督教是奠基在假設而非真理之上，對《聖經》的權威也提出質疑。據說，他受到德國哲學與神學家史特勞斯（David Strauss, 1808-1874）所寫的《耶穌的生平》（*Life of Jesus*）一書影響頗深。這本書否定了《新約聖經》中耶穌所行的奇蹟，作者認為不該把救世主（基督）跟耶穌這個人連在一起，這說法對當時社會產生很大的震撼，招致許多批評聲浪。但尼采深受這本書影響，他甚至超越了史特勞斯，高聲喊出「上帝已死」。

上帝死後的世界，被虛無主義（Nihilism）所支配，因此才需要「超人」的出現。所謂的超人，是指能夠忍受虛無，而非忍受怨恨的理想人類，也就是具有主體性的、力量強大的人。尼采要說的是，人們應該要以這種「超人」的狀態來活著。

本章開頭所引用的「我告訴你們精神的三種變形：精神如何變成駱駝，駱駝如何變成獅子，最後獅子如何變成小孩」這句話中，所謂駱駝是指背負基督宗教與傳統價值觀的精神；獅子是指反抗基督宗教、懷抱主體意志的精神；而小孩則意味著從此之後誕生的純真者。尼采說：「小孩是天真與遺忘，一個新的開始，一個遊戲，一個自轉的輪，一個原始的動作，一個神聖的肯定。」他把小孩跟自己思想的關鍵字「永劫回歸」連結在一起。所謂永劫回歸是指回到沒有意義也沒有目的、永恆輪迴循環不斷的世界，他認為這樣的世界，與天真無邪遊戲的小孩，都是最有價值的。可以說，「小孩」代表了新的價值。

不過這種解釋到底正不正確，我不敢說，因為尼采的語言總是那麼詩意，令人難以捉摸。

尼采的意義

長久以來我非常欽佩尼采的思想，近年來許多人也開始喜歡上尼采。我想大概是一種風潮吧。為什麼這麼艱澀的思想會受到世人歡迎，實在很難解釋，不過我想主要原因是，尼采被公認是打開了當代思想之門的哲學家。

在某種意義上，哲學的歷史牽涉到語彙的定義。不用說，存在、理性、意識等詞彙是一定要弄懂的，而在笛卡兒、培根和黑格爾的思想中，語彙被增添了歷史的意義，更進一步地，哲學的意義也被填進語彙中。這確實是讀哲學書時令人頭痛的原因之一，語彙的內涵越來越膨脹，簡直到了動彈不得、舉步維艱的地步。

但尼采顛覆了這一切。我年輕時曾上過一位老師的課，這位老師叫做小阪修平（1947-2007），是評論家兼自由作家，我很敬佩他。他的課不是開設在大學裡，而是在朝日文化中心。小阪先生沒有讀完大學，應該沒辦法在大學執教。雖然小阪先生沒有大學文憑，但知識非常淵博，又極擅長以淺白的話解說哲學。他用棒球漫畫《巨人之星》裡的人物星一徹來比喻尼采。星一徹是《巨人之星》男主角的老爸，個性火爆，他在晚餐時一怒之下把飯桌「翻桌」的畫面非常有名。也就是說，尼采正是那位把積重難返的「哲學餐桌」給整桌掀翻的人。這比喻真是生動極了，我佩服得不得了。

本章開頭那幾句艱澀難懂的格言，也符合尼采顛覆從古至今的哲學這層意義。但是，尼采才不在乎他的話怎麼被解釋。也就是說，尼采不贊成以絕對的價值標準為事物下定義。事實上，正是這種相對主義開啟了當代的思想。

反哲學

雖然前文引用了小阪修平淺白易懂的語言解說尼采哲學，但我想很多讀者仍然覺得尼采很難懂。因此這裡再請另一位我所仰慕的老師出場，那就是哲學教授木田元（1928-2014）老師。木田老師多年來任教於日本中央大學，他的著作《反哲學入門》是一本很精彩的書。他在書中以哲學源流的意義來解說尼采，一字一句都讓我感動至極。在此我就借用他此書中的內容，來介紹尼采哲學。不過我想先講一下我所感知到的「哲學」，藉此讓大家對尼采有更深的了解。

剛進大學讀哲學系時，我心中對「事物的本質為何？」、「現象的對立面是什麼？」、「什麼是存在？」這些問題充滿疑惑。我知道很多有名的哲學家已經研究過這些問題，費了很多心力解答。但我再怎麼努力，就是沒辦法想清楚這些問題，它們一直在我頭頂盤旋，彷彿讓我陷入孤獨閉塞的世界。當別人說：「這就是哲學啊！」的時候，滿懷疑問的我也只能回答：「喔，是這樣喔。」後來我才知道這類以思考、直觀的方法研究現象背後的事物本質或基本元素的學問，叫做「形而上學」。「形而上學」與「超自然」兩個詞是可能互換的。

柏拉圖的理型論就是典型的形而上學。柏拉圖以蘇格拉底為主角書寫，但他當然會把自己的思想寫進書裡。他的主張裡最具代表性的，就是理型論。簡單說，就是我們眼前廣大世界中所發生的一切現象與事物都不是「真」，在這些現象之上，存在著一個叫做「理型」的東西，是抽象的、永恆的、超越所有事物的真實存在。所有個別的事物與現象，都只是理型的影子。

比方說，當我們要在紙上畫一個三角形，是不可能畫出一個「正確的三角形」。不是線畫得太粗，就是畫得不夠直。但我們腦子裡一定已經對完美的三角形有了認識，才可能畫得出三角形。意思就是說，完美的三角形是「理型」，而我們畫出來的不完美三角形是「影子」。在此我只是舉三角形為例，所有的理論都是柏拉圖的。

那麼，接下來就有勞木田老師了。下面段落引用自他的《反哲學入門》：

尼采最關切的，無非是他所身處的十九世紀後半葉歐洲荒蕪的精神狀態，以及應如何克服這種狀態。這種精神狀態在法國詩人波特萊爾（Charles Pierre Baudelaire, 1821-1867）、俄國文學家杜斯妥也夫斯基（Fyodor Dostoyevsky, 1821-1881）眼中是令人絕望的，而尼采則給它下了一個「心理上的虛無主義」的診斷。他斷言，當代所有事物都陷入了無意義無價值的、虛無主義的心理狀態中。

尼采認為要克服這種精神狀態，首先必須找到造成這種狀態的原因。他所找到的原因，是領導形塑歐洲文化、意即賦予世界各種事物意義與價值的最高價值——用他的話來說是「超感性」、用我們慣用語來說是「超自然（形而上）」的各種價值——已經失去了力量。

他以「上帝已死」一語來表達這種狀態。這個上帝，指的當然是基督教的上帝，但同時也可以指稱類似「真善美」這類理想的、超感性的各種最高價值之象徵。這些最高價值給予了感性世界中萬事萬物意義與價值，但此時最高價值失去了力量，因此這個感性世界變得沒有價值、沒有意義，陷入了「心理上的虛無主義」之境。

木田老師指出，尼采不只批判基督宗教，也批判歐洲社會，對於作為歐洲思想核心的柏拉圖理型論，更是提出質疑。木田老師的見解，讓我更靠近尼采。確實，不管是基督宗教的上帝或是柏拉圖的理型，都是形而上的世界。尼采不只批判基督宗教本身，他更批判基督宗教所養育出來的歐洲社會，因此要了解尼采哲學，必須從更宏觀的角度理解才行。

人們在歐洲社會的形而上學被否定之後，要如何在這個殘存的虛無主義世界中活下去呢？在這個脈絡中，尼采所主張的「超人」和「權力意志」就誕生了。

然而，尼采的思想也因此被希特勒所用，被認為是接近法西斯極權主義的思想。確實，「超人」和「權力意志」這樣的詞彙，有著醞釀法西斯主義的氛圍。在本書中我們無法深究這一點，但我認為尼采哲學的面向應該是更寬廣的。

從尼采到當代思想

讀完尼采，讓我們踏進當代思想的入口吧。此處再請出小阪修平老師來助陣，他在《第一次讀當代思想》的〈起源篇〉中這麼寫道：

綜考當代各種思想方法之後，我認為當代思想的起源有三個。哲學方面的起源是尼采。此外，帶給許多當代思想許多啟示的，是奧地利心理學家佛洛伊德（Sigmund Freud, 1856-1939）的精神分析，還有瑞士語言學家索緒爾的語言學。從這三門學問中，催生了當代思想。

這裡說的當代思想，應該是指法國當代思潮。法國是思想重鎮。也許有讀者會覺得奇怪，為什麼我是說「當代思想」而非「當代哲學」呢？因為當代思想並不相信神或真理這種絕對的事物，「相對性」才是當代思想的關鍵字。如前所述，這樣的思想已經和形而上學說再見了，因此方有尼采。

接著第二件重要的事情，是建立了對「看不見的東西是存在的」的認識。佛洛伊德提出人具有「潛意識」（subconscious），所謂潛意識正是人所意識不到的，因此是看不見的。這就是佛洛伊德的主要學說。此外，李維-史陀也探討看不見的「結構」，因此他也是當代思想的好朋友。

關於「看不見的東西」，日本童謠詩人金子美鈴（1903-1930）有一首名為〈星星和蒲公英〉的詩，可說是道盡了「看不見的東西」的精髓：

藍天的深處，藏著白天的星星，
一如海底的小石子，
在夜晚降臨前都安安靜靜地待著，
但是我們看不見。
雖然看不見但是存在唷，

有些東西看不見但是存在唷。

蒲公英的種子被風吹散開，
藏在屋瓦縫隙裡，安安靜靜地，
等待春天的來臨。
蒲公英的根生命力旺盛，
但是我們看不見。
雖然看不見但是存在唷，
有些東西看不見但是存在唷。

童謠詩人金子美鈴，也可以算是日本的當代思想家呢。她本人不會這麼想，但研究當代思想的學者，真的可以舉這首詩為例子來說明呢。

最後，是語彙的問題。這時就必須請出語言學家索緒爾出場了。藉著簡單介紹索緒爾，讓大家更了解何謂當代思想。

索緒爾是瑞士語言學家，在談到當代思想時，幾乎一定會提到他。索緒爾出生於一八五七年，當時日本應該還沒進入明治時代。明治時代也有許多思想家，像是福澤諭吉（1835-1901）、中江兆民（1847-1901）、內村鑑三（1861-1930）等，但他們並未被視為當代思想家之一。和他們比起來，索緒爾可說是當代思想家的鼻祖。

請容我岔開一下話題。歐洲文化，被稱為石文化。建築多為石造，不需要重建，只要稍微裝修就可以住得很久。另一方面，日本則是木文化。建築多為木造，房子可以整個拆掉重建。在石文化中，思想是延續的；在木文化中，思想則可以一再歸零重新開始。說起來，因為日本什麼都是「隨風而逝」，所以現在的人很難被明治時代的人影響。

好，再回到原本的話題。索緒爾不是寫很多書來主張自己學說的學者，他的著作只有一本《普通語言學教程》（*Course in General Linguistics*），是學生把他的論文和上課講義整理而成的。只有一本著作，就能得到這麼高的評價，想必書的內容一定非常精彩。以下就簡單介紹索緒爾的學說。

索緒爾創造了兩個語言學上的概念：「能指」（signifier）與「所指」（signified）。這兩個詞在日本還流行過一陣子，以下簡單說明。「能指」是一個具有特定含意的語彙，「所指」是被指稱的那個概念，而兩者的結合則是「任意的」（arbitrariness）。※意即，如果沒有「狼」這個字，只有「狗」這個字，那我們就會把狼叫做「狗」。

這也就是說，語彙是建立在差異上，而不是建立在實體上。實體上的狼和言語上的狼，兩者並不是牢牢結合在一起的，而是因為有了一種跟言語上的「狗」不一樣的動物存在，所以才又創造「狼」這個字。這個理論也可以應用在社會型態上。

在語彙跟實體差距很大的情況下，語彙是無法單獨發展的。舉個例子，在日本泡沫經濟時期，市場上的地價（具有特定含意的語彙）跟實際上的地價（被指稱的那個概念）差距非常大，市場地價越來越高，最後終於大跌，泡沫經濟迅速崩潰。像這樣的事情，是非常「當代」的，也許可以用「能指」和「所指」來比喻。索緒爾的學說還有很多，但因為會越說

※譯按：舉「樹」為例，「樹」的讀音和字形是「能指」，而樹在人腦中形成的概念便是「所指」。

越複雜，就此打住。

這也是否定絕對的概念，強調相對主義的例子。當代思想中的相對主義，就從此加速發展下去。

當代思想何去何從

相對主義確實超越了形而上學或絕對本質的思想，但另一方面，像日本搞笑電視節目裡的橋段「烏鴉為什麼唱歌呢？那是烏鴉的自由啊！」這種「是個人的自由啊！」的世界也逐漸發展起來。當代社會中，邪惡共同體的解體是件好事，但另一方面，個體化加深之後，個人與他者的關係也隨之斷裂。

以日本為例，封建的家族制度解體是件好事，但糟糕的是家庭制度也跟著毀壞。不必等當代思想家提出這個現象，社會已經陷入相對主義之中了。

現代時期的哲學家經常以樹的形象比喻世界，但德勒茲（Gilles Louis

Rene Deleuze, 1925-1995）和瓜塔里（Felix Guattari, 1930-1992）這兩位當代法國哲學家卻認為次序井然、有根有幹有葉的樹形，已無法承載當代世界的型態，他們改以「塊莖」的形象描述當代世界。網路世界就十分符合塊莖的形象，臉書也是一個好例子。當代思想的確能夠預見未來。但是，我們會走到哪兒去呢？形而上學、絕對主義會回魂嗎？我有些擔憂。

從政治局勢來看，期待一位絕對英雄出現的人，大有人在。但能準確預測未來的思想尚未出現，也是事實。尼采掀翻了餐桌的功勞世所公認，暫且不表，現在更迫切的課題是，那時散落一地的東西，要如何在當代收拾停當？

第十一章

青少年期的心理

當代日本的年輕人

高中生在讀的「倫理科」教科書裡，有一章叫做〈青少年期的心理〉，所以我在本書中也想談談這個題目。

現在日本的年輕人，活在一個非常艱困的時代。就算讀到大學畢業也找不到工作；就算找到了，也經常是血汗公司。很多人受不了嚴苛的勞動條件，做沒多久就辭職不幹了。年輕人看不到未來，變得消沉、沒有幹勁。尤其是男生，特別明顯。這時代有許多抗壓性低、不想長大的男生，不是患了彼得潘症候群，就是變成繭居族閉門不出。

也許物質匱乏但充滿希望的時代比較幸福。作家村上龍（1952-）在他的小說《希望之國》中寫道：「這個國家（日本）什麼都不缺，什麼五花八門的東西都有，可是，就是沒有希望。」他還指責世上的大人「明明就活在物質豐富的時代，卻只會撒嬌。」大人看不見的世界，年輕人可看得很清楚。大人總是在感嘆年輕人不爭氣，但他們自己的問題可能才多呢。我會在下一章討論這話題，不過在此我想先談一下我所觀察到的現代高中生的氣質。

現在的年輕人，很不擅長處理人際關係。所以他們一進高中，就拚命想在班級這個小世界裡找到自己的位置。以前的高中生應該也是如此，但現在這現象特別嚴重。這就是我後文將提到的「學校種姓制度」，學生們表面上看起來平靜無波，但內心不斷在拿捏與他人的適當距離。

有一個心理學常談到的情境，叫做「刺蝟的兩難」（Hedgehog's dilemma）※。刺蝟是一種全身長滿尖刺的小動物，所謂的兩難是指進退維谷的狀態。兩隻刺蝟太靠近的話，會被彼此身上的尖刺刺傷，但若相隔太遠，又無法靠對方的體溫取暖。這句話就是在比喻人與人接觸時拿捏心理距離的困難。現代的高中生拙於跟他人保持適當的距離，對人際關係有著過度的執著。

有些學校規定學生一入學就要住校，但這種強制學生在彼此還不熟悉時，就要住在一起的規定，根本就完全不了解現在的年輕人。孩子們白天在班上不斷衡量自己與別人的距離，晚上則以身上的尖刺刺傷彼此，最後落得傷痕累累的下場。

此外，我最近也從大學入學考中注意到高中生不願意挑戰大學的趨勢。很多學生不願意通過學力測驗來考大學，比較希望透過推薦或是AO入學制[※※]這類比較簡單的方式來申請大學。當然這是入學制度的問題，不能只檢討考生的責任，但我常覺得考生若能多向困難挑戰會比較好。

在現代之前，小孩子必須先通過成年禮，才會被認可是成年人。各地的成年禮都不一樣，例如從很高的懸崖上跳進海中，或是能夠舉起一袋米等等。發源於西南太平洋島國萬那杜（Republic of Vanuatu）的高空彈跳，

※ 譯按：最早提出這句話的是德國哲學家叔本華（Arthur Schopenhauer, 1788-1860）。

※※ 譯按：日本大學入學方式之一，學生不需要考試，但要向大學提出申請書、小論文等書面資料，學校透過書面審查和面試決定是否錄取。

在當地也是一種成年禮。我覺得我高中時的大學入學考，也算是一種成年禮，但現在幾乎誰都可以念大學，入學考就少了成年禮這一層意味了。成年禮是小孩成為大人的門檻，但現代社會中，這個門檻是什麼呢？

在這樣的年代中，青少年期的心理狀態會是如何呢？我衷心希望，高中生能探索自我，而在閱讀本書的大人則能了解年輕人的內心。下一段，我將先從正統的心理學角度介紹青少年期的心理。

青少年期

以心理學角度來談青少年心理時，一定會提到兩位心理學家，一位是艾瑞克森（E. H. Erikson, 1902-1994），另一位是勒溫（Kurt Zadek Lewin, 1890-1947）。艾瑞克森是著名的美國心理學家，他主張青少年在形成人格時，必須先確認 self-identity，也就是「確認自己是誰」。self-identity 在心理學中通常譯為「自我認同」或「自我統合」，意思是「我是我自己」。艾瑞克森認為，青少年期的自我認同經常搖擺不定，因此確認自我、自我統合，是此時期最重要的發展任務。

由於我在工作上經常和年輕人、尤其是高中生相處，我認為艾瑞克森的理論真是對極了。如果自己無法認同自己，這個人就可能產生疏離感，或者隨波逐流過日子。這跟一般認為現在的學生在寬鬆的教育下發條變鬆了、或他們習慣依照自己個性行事的意思不同，我的意思是事實上許多高中生迷失了自我。無法順利地產生自我認同，就無法適應社會，甚至可能產生反社會行為或是躲在家裡變成繭居族。

此外，艾瑞克森認為青少年期是一種「未定型」（moratorium）。所謂moratorium是猶豫、徬徨的意思，艾瑞克森用這個字來指稱小孩轉大人之前的準備期。日本近年出現了許多被稱為飛特族的打工族，和既不工作也不上學的尼特族，這些年輕人應該可以算是「未定型」的延長吧。

不過，這其實就是年輕時的我，我也是以社團活動跟打工來消耗過多的精力。那時候整天渾渾噩噩，有一次被高中導師叫去罵：「你到底是在幹嘛！」進大學後也沒什麼變，還是不太讀書，一天到頭都在打工或參加社會運動。大學休學之後，就如先前所寫的，去做舊紙回收跟送報紙的工作。但我也深切感受到世間的嚴酷，因此又回到大學，好不容易念到畢業。我那時大學的畢業學分比現在少，比較輕鬆，所以才畢得了業。

然而，現在的大學生並不處於我當時的時代背景。如果換成我是現在的大學生，也許根本沒法畢業，然後也找不到教職。不管是以前或現在，青少年「確認自己是誰」的危機從來沒有消失過，未定型的狀態也沒有改變過。但以前就算發生這種事，由於社會可以向上流動，所以個人的救濟還有可能。

若把年輕人自我認同變困難、未定型時間變長的原因歸咎於年輕人自己，我覺得是太片面的想法。這是時代的產物。法國歷史學家亞利斯（Philippe Aries, 1914-1984）發現，「兒童」的概念誕生於現代，古時候並沒有「兒童」這樣的概念，從前的人是將小孩當成「小型的大人」。從這裡我們可以看出，現代社會創造了「兒童」，同時也創造了「青少年」。甚至有些學者認為，現代人的「青少年期」已逐漸延長，甚至持續到三十五歲都還在青少年期。

前面提過的德裔美國心理學家勒溫，則提出青少年是邊緣人

（marginal man）的概念。也就是說，青少年既不屬於大人的群體，也不屬於小孩的群體，而是夾在中間。

青少年期的樣貌事實上受到「學校」的出現影響很深。昔日的青少年是「小型的大人」，到了某個年紀就要工作，但現在的青少年不去工作而是去上學，在此產生了一段就業前的準備期。從前，日本「小型的大人」一會一邊幫忙農事一邊在私塾學寫字。一八七二年政府實施了學制，現代化學校正式誕生。後來全國人民幾乎都要上學，這是象徵日本進入現代的明治時代以後的事情。就這樣，現代社會不再有「小型的大人」，而是出現了青少年，接著今日青少年時期又逐漸延長，實乃當代的產物。

精神分析與防衛機轉

在現實世界中，人的欲望未能如意時無可避免地會感受到挫折（frustration）。通常大多數人能夠找到合理的方法來平復挫折感，但有時人找不到這樣的方法，而是採取叫做「短路反應」的反社會行為，例如犯罪，來解決挫折感。比方偷窺之類的行為就是明顯的例子。短路反應是不合宜的，合理解決才是上策。但有時人就是沒辦法找到合理解決的方法，這是因為人類會以所謂防衛機制的心理反應來解決挫折感。這並非在意識層面進行，而是在潛意識中發生。指出這一點的，是奧地利心理學家佛洛伊德（Sigmund Freud, 1856-1939）。

佛洛伊德是猶太人，因而遭到納粹迫害，流亡英國。他是精神分析理論的創始者，由於他的學說非常強調「性本能」，在當時引起軒然大波，許多人批評他反道德。

佛洛伊德主張，人的心理由本我（id）、自我（ego）與超我（superego）三個部分所組成。「本我」是心的無意識部分，是以性衝動為主的本能欲望（力比多〔libido〕）的儲蓄池。本我是奔放衝動的，若不加以抑制，什麼事都做得出來。因此，佛洛伊德接著提出「超我」的概念。超我是本我受到抑制之後的表現，例如我們從小學到的禮貌、教養、道德等等統稱良心的東西。而所謂「自我」，則是本我加上超我平衡之後所產生的狀態。「自我」若未能順利形成，人就會失去安定平衡，身心都會出現種種適應不良的反應。

佛洛伊德主張，人心深處的潛意識對人的意識與行動有深刻的影響。這種理論叫做「精神分析」，是一門至今依然非常盛行的學問。

接下來，我們談談防衛機轉。防衛機轉是指「潛抑／壓抑、合理化、認同、投射、反向、逃避、退行、否定、替代、昇華」等心理作用。潛抑／壓抑是指如果事物不能如己所願，就把它壓抑進心裡、緊緊埋藏起來※。合理化就是想個好理由說服自己，讓自己好過一點，我常舉伊索寓言裡的一個故事來解釋。這故事說，有隻狐狸吃不到高枝上的葡萄，他就告訴自己「那葡萄一定很酸」，讓自己好過一點。所謂認同，是指認為別人擁有的優點或能力自己也擁有，以滿足自己的內心。例如小孩子把自己當成漫畫主角以自我滿足一樣。我還記得我小時候非常喜歡漫畫《巨人之星》的主角，覺得他就是我。

※譯按：潛抑是指壓到潛意識中，從意識層面排除、遺忘；壓抑則是一種自我控制，意識並未遺忘此事。

所謂投射，是指把自己的負面想法、欲望全部歸諸於他人，認為是對方有這種想法。反向是指當一個人遭受挫折，就做出跟自己想要的事情相反的行為，例如我們常見到膽小鬼虛張聲勢。所謂逃避，就如字面的意思，遇到問題時不正面迎戰，卻轉身向後逃走避開。退行，是指行為退化回到不成熟的幼稚階段，讓自己可以不必負起責任，例如弟弟妹妹出生後，較大的孩子感覺父母不再關注自己，便出現嬰兒般的不成熟行為。替代是指受挫時改以發展其他東西來彌補自己的失落。昇華，是防衛機轉中層次最高的一種，受挫之後轉而從事運動、藝術等領域的活動，以消除挫折所帶來的痛苦，是一種具有社會性價值的正面解決辦法。

我用戀愛當例子來解釋這些防衛機轉。假設A先生愛上B小姐，但是沒有得到B小姐的回應。於是他只好隱藏這份感情，深埋內心。這是壓抑。A君想，B小姐沒有跟自己說話，一定是因為家庭的因素。這是合理化。雖然沒有根據，但他就是這麼主觀地認定。

A先生去看電影，男主角的遭遇很像他，他看得非常感動，在心裡自比為片中男主角。這是認同。A先生怎麼也不願意放棄，他跟身邊的人說，B小姐一定是對他有好感。這是投射。他心裡明明喜歡B小姐，卻常故意裝出討厭B小姐的樣子，甚至故意為難她。這是反向。後來，A先生的追求毫無進展，他沮喪地把自己關在房間裡，連吃飯也不願跨出房門一步。這是逃避。

有一天，A先生走到B小姐面前，像孩子撒嬌似地對她說：「你一定要喜歡我，不然我就討厭你！」這是退行。A先生再怎麼努力也沒有用，後來他逐漸把這份心意轉到跟B小姐很像的C小姐身上。這是替代。最後A先生終於接受自己失戀了，把這段苦戀寫成小說，小說得到了好評，他因此決定往文學界發展。這是昇華。

雖然事情通常不會這樣進展，不過這個小故事應該可以讓讀者們了解什麼是防衛機轉了吧。

需求層次理論

在高中教書的這幾年，感覺最強烈的，是貧富差距的問題。日本已經從全國都是中產階級，變成嚴重貧富不均的社會了。在高中教育上，貧富不均問題表現為學校間的差距。升學率高的明星學校，學生多半家中富裕、家長收入高，而所謂的教育困難校或是貧困校，學生則多來自單親家庭、父母收入低，領生活扶助費的中低收入戶不在少數。這樣的情形，直接影響高中休學率。明星學校休學率低，而教育困難校休學率高，這是高中教育界眾所周知的事實，但一般大眾並不清楚。學校間的貧富差距跟社會上的貧富差距直接連結，這是社會大眾應該要知道的事。

更嚴重的是，教育困難校在學生的教育上有許多問題。這是件悲哀的事。在這種學校裡，學生大多自信心低落，甚至自暴自棄。當然，大部分學生還是很上進，但上述情形的比例依然比明星學校高。

美國心理學家馬斯洛（Abraham Harold Maslow, 1908-1970）曾經提出「需求層次理論」，把人的需求劃分為五個層次：生理需求、安全需求、愛與隸屬的需求、自尊的需求、自我實現的需求。他認為這些需求並不是同等並行，而是若未滿足下層需求，上層的需求便很難被滿足。也就是說，生理需求、安全需求若未被滿足，想要滿足自我實現的需求是很困難的。

出身貧困家庭的孩子處在生理需求、安全需求未被滿足的情況下，他們要追求自我實現很不容易。雖然我們常說「自我實現很重要」，但也必須明白要達到這一點，必須先滿足前面層次的各種需求才行。心理問題往往不只肇因於心理層面，而是關係到社會的問題。

霸凌與學校種姓制度

在本章的最後，我想談一談最近年輕人與高中校園裡的熱門話題。首先不能不談的，是霸凌問題。我在高中校園中，不知處理過多少次霸凌事件。身為老師，我必須與霸凌面對面，想辦法解決才行。下面我所描述的狀況大多是親身經歷，為了保護當事人隱私，不詳述細節。這是一個不談霸凌，就無法討論青少年期的時代。

霸凌別人的當事者，往往不曉得自己做的事情是霸凌。要等到別人一一舉出事實，才明白這是霸凌。如果霸凌者有多人，事態會加速發展，因為有種「大家都這麼做所以我也可以」的特准放行，此時對霸凌的認知就更趨淡薄。

此外，被霸凌的一方也不太說得出口自己被霸凌。明明在眼前發生，卻不願說出來，我也不懂為什麼。在與這樣的學生協談時，我發現他們似乎很難明白說出自己被霸凌了，也很難接受自己被認定為「被霸凌的孩子」。這樣的孩子，常會有「我若能夠不在這裡就好了」的念頭。也就是說，他會選擇不要再上學。大部分學生在我的勸說之下，還是繼續回學校讀到畢業，但也有人再也沒回學校，最糟的，甚至可能有自殘的情形。這並非特殊狀況，是所有孩童、學生都可能發生的。

有些人沒親身見識過霸凌，只會出一張嘴說教，我聽到這種話都會火冒三丈。待在自己的舒適圈裡，對霸凌加以道德化的定罪，這種態度是百害而無一利的。我曾在拙著《放學後的教育論》中寫過一段話，雖然時間有點久了，但還是引用如下：

> 愛知縣西尾市的中學生大河內同學因遭到霸凌而自殺，事發後西尾市教育局長在議會接受質詢時回答：「老師對於學生所發出的警訊、對微小

的事件沒有警覺。我認為原因就是老師沒有力量。」他所指的老師是誰呢？應該就是原本擔任小學老師，才剛進入這間中學任教就被指定擔任二年級導師的那位二十多歲年輕女老師吧。如果讓這位言之夸夸的教育局長擔任班導師，事情可能也不會改變。霸凌問題沒那麼單純，不是歸罪給某位單獨的老師就可以解決的。而且這位局長如此大言不慚，根本可以說是欠缺反省、推卸責任。然而，這樣大言不慚的言論，在包含大眾媒體在內的日本全國，到處可見。想把老師當成霸凌事件的犧牲品，就此了事，這種心態事實上與霸凌的結構極為酷似。

大人就算出了狀況，也不可以霸凌別人。首先，我們必須在生活中經常自問自己的行為是否是一種霸凌，才能真正明瞭不可以霸凌的原因。第二，被霸凌的人要向可以信任的大人求救，告訴他們自己的狀況。父母、老師、輔導人員都可以。如果沒有任何認識的人可以談，現在社區、公家機關等都有霸凌協談的單位，去那裡也找得到人求救。最重要的是，不要關上心門。

思考霸凌時，我想起「學校種姓制度」這個詞。這是一個很令人震撼的新詞。我去過印度，關切過被排除在種姓制度之外的賤民問題，我明白種姓制度是一個多麼可怕的歧視制度。然而現在，我們竟然以種姓制度這樣的詞彙來形容當今日本學校的面貌。東京大學社會科學研究所的教育社會學者鈴木翔（1984-）在其著作《教室內的種姓制度》一書中，對這現象有詳細的描述，非常值得參考。

到底什麼是學校種姓制度呢？教室裡，學生以戀愛經驗多寡、容貌美醜、個性外向或內向、參加哪種社團等等為標準，自動區分為上、中、下不同階級，不同階級之間的關係主宰了教室內的人際互動。我先前只是隱隱約約察覺到這回事，後來聽人說起學校種姓制度這個詞，才恍然大悟。

學校種姓制度和霸凌之間的關係，仍然有待探究。此處以我自己的話來比喻兩者間的關係：若學校種姓制度是息肉，霸凌就是癌症。學校種姓制度的世界，從朝井遼（1989-）的小說《聽說桐島退社了》中可以一窺究竟。

不管是霸凌或是學校種姓制度，都跟資訊化社會有很大的關連。年輕人可以互相自由通訊，另一方面，又像沙丁魚一般集體在海中巡游。單獨的魚隻為了不離開魚群，戰戰兢兢地跟著大家拚命游。可以說是很自由，但也很不自由。這個問題，我在下一章也會談到。

青少年期延長的情形就探討到這裡，我認為資訊化社會與此有盤根錯節的關係，資訊化社會將使青少年期變得越來越複雜。但是，我們也只能對這事實有所覺悟，才能在這世上找到生存之道。

第十二章
十六歲開始的哲學

我從先哲身上學到什麼？

有一個詞「先哲」，意思就如字面一樣，指早先時代的哲學家。這不是常用詞彙，讀者們可能不太習慣，不過在倫理科的課本中經常出現。我想在本章的開頭敘述一下我從先哲身上學到些什麼，特別是從本書中介紹過的哲學家、思想家身上學到了什麼。可能跟前文有些重複，但我很想這麼做，請讀者們見諒。

哲學之祖泰利斯，從根本上改變了人們對大自然之起源的看法。他不以神話來解釋，而是從萬物的基本元素這一點來思考，認為若能找出基本元素，就可以闡明大自然的起源。這種開創性的想法非常難得。永遠在探求真理的泰利斯，無法滿足於神話的解釋。我從他身上學到超越既有概念、冷靜地檢視事物的重要性。泰利斯之後，許多哲人陸續提出各自對萬物基本元素的看法，但第一個提出這概念的是泰利斯，所以被尊為哲學之祖。能夠第一個想到，真是令人佩服。前文也提過，泰利斯預測橄欖大豐收因而大賺一筆的故事，如果他生在今天，應該是一位具有前瞻性眼光的創業家吧。泰利斯能夠想出嶄新的點子，從他身上可以學到的東西應該還有很多。

蘇格拉底則是我一直很喜歡的哲學家。蘇格拉底雖然長得醜，又老愛挖苦人，卻能擄獲這麼多青年的心，究其原因，在於他總是言行一致，這是他最大的魅力。在這世間，言行不一的人實在太多了。也就是因為處在這樣的時代，蘇格拉底才會變成一盞明燈。而且他還提出「無知之知」這樣較高層次的思想，擊敗了辯士學派的詭辯專家。今日政治圈的詭辯家越來越多，因此我更加希望像蘇格拉底這樣的人物能夠出現。英國著名哲學家、經濟學家約翰·彌爾（John Stuart Mill, 1806-1873）有一句我很喜歡的名言：「與其當一隻滿足的豬，我寧願當一個不滿足的人；與其當一個滿足的笨蛋，我寧願當不滿足的蘇格拉底。」（It is better to be a human being dissatisfied than a pig satisfied; better to be Socrates dissatisfied than a fool satisfied.）

至於笛卡兒，我只要一想到他，就會想起高中時代的回憶。笛卡兒什麼都要懷疑，而且不只是「多疑」而已，他對眼前的一切都提出質疑，唯有通過考驗留下來的東西他才相信。這種態度對我來說是震撼教育。培根追求真理的方法跟笛卡兒不同，但他的學說也非常有說服力。他透過反覆觀察和實驗逼近真理，這已經成了現代科學方法的基礎。此外，在社會科學中，笛卡兒的演繹法和培根的歸納法也被廣泛地應用。

至於提倡社會契約論的霍布斯、洛克、盧梭三人，我從他們身上學到了何為契約，還從後面兩位身上學到了民主主義的理想模型。霍布斯雖然支持絕對王權，但因身為洛克、盧梭的前輩，他的理論可以說很有開創性。此外，在蒐集他們生平的資料時，我又再次體認到，一個人的成長背景對其思想會有多麼深刻的影響。

而馬克思，我可說是受到他的直接影響。在思想純粹、行為衝動的青少年時代，會嚮往馬克思思想是很正常的事。到今天，我仍然認為馬克思批判資本主義的眼光非常銳利。但是以馬克思主義之外衣所建立的社會主義國家，卻淪落至僵化、官僚化的地步。我想這是我必須嚴肅思考的問題，因此我打算再重讀一次馬克思的書。

我與馬克思主義漸行漸遠後，沙特成了我最心儀的哲學家。我雖然繼續受到馬克思主義的影響，但並未成為馬克思主義者，反而被沙特的世界所吸引。從他的學說中，我認識到主體性和社會參與的重要性。之後，李維-史陀提出對沙特的批判，我也大受衝擊，便開始涉獵法國當代思潮的書籍。我發現年少時頗有好感的尼采哲學，竟然在法國當代思潮中復活了，但以前我並不覺得尼采是這麼厲害的哲學家。在此之前，我也無法預測自己的思想巡禮會如何進行，但在此之後，我就明白未來會專攻哲學了。

此外，佛教的知識論也很吸引我。若能明白諸行無常和諸法無我的道理，克服生活中的困難應該比較沒有問題。這道理教我們，對事情不要太過執著，討厭的東西不會永遠存在，事情總是會有轉機。至於基督宗教，則是在了解歐洲社會時絕對必要的知識。雖然我不是教徒，但仍會想多多探究基督宗教的世界。伊斯蘭教，我們雖然對它還有很多地方不了解，但它可以說是理解異文化的一把鑰匙。如果忽略了伊斯蘭教，我們就不可能理解這個世界。

前文已經提到，談到宗教時，我們常常陷入「到底是相信還是不信」的兩難中。我認為在研究宗教時有必要跳脫「信與不信」的角度，因為在探討人類的問題時，不可能略去宗教不談，不能因為不是自己的信仰，就不去了解它。

當我還是個高中生

接著，我想談一談我念高中時的事。那時的高中生跟現在應該很不一樣，但我認為對讀者們來說應該有點參考價值。我念高中大約是四十年前的事，那時大學學潮正如火如荼地延燒，對高中校園多少有些影響，我讀的學校也不例外。我剛入學時，高三的學長們已經進行了許多政治活動。

我初中時沒有接觸過政治，所以不太懂高中學長們一直跟學校唱反調到底是要表達什麼。

記得高一的時候，學長叫我蹺課去參加集會活動，我不知道那是什麼活動，但還是去了。後來班上同學就質問我，這樣隨便蹺課不是很奇怪嗎？

三年級的學長是在反對把高中變成升大學補習班的政策，同時也要求制服解禁。其實我們學校的要求相當寬鬆，雖說注重成績，但大家也不太讀書，時間都花在社團活動上，打算畢業一年後再重考，有學校讀就好了（事實上男生幾乎都是如此），算是相當自由的一所高中。另外有部分學生在追究某位老師年輕時在二戰裡的戰爭責任，但我覺得應該是空穴來風。他們八成是跟著流行胡亂炒作鬥爭主題。他們指的是副校長，他被學生逼問時回答得非常誠懇，我到現在還記得很清楚。

印象深刻的，還有開學生大會時不准老師入場，最多只有幾個在學生會工作的老師被允許有條件地出席。當時整個學生會從營運到管理，全都由幹部自行運作。這跟今日高中開學生大會時，老師理所當然地出席並給予各種指導的光景，真是不可同日而語。曾經有一位老師跟我說：「時代不一樣了啊。」

學潮的熱度，在我進高中後只持續了一年，後來就完全退燒了。我加入橄欖球社，把青春期特有的鬱悶心情全都發洩在橄欖球上。橄欖球是非常激烈的運動，比賽時經常擦槍走火打起架來。受傷是家常便飯，被球砸到頭甚至會不省人事。但是，橄欖球這種運動非常迷人，當橄欖形狀的球落到地面，你無法預測它會往哪個方向彈起。當球朝著意想不到的方向彈起，你就得撒腿飛奔去追球，抓到了球卻又絕對不可以往前丟，這種球賽規則真的很酷。就算大雨傾盆、狂風大作，球賽、練習都不會中止，對我來說沒有比這更棒的運動了。

當時我沒有好好準備大學考試，現在想起來有點後悔。不過那時候我讀了俄國文豪杜斯妥也夫斯基（Fyodor Dostoyevsky, 1821-1881）的《卡拉馬助夫兄弟們》（*The Brothers Karamazov*），非常感動，也曾獨自在圖書館一角默默啃著笛卡兒的《談談方法》（*Discourse on the Method*，全名《談談正確引導理性在各門科學上尋找真理的方法》，*Discourse on the*

Method of Rightly Conducting One's Reason and of Seeking Truth in the Sciences）。不練球時就到肉店打工，把薪水存起來去聽當時的天團齊柏林飛船（Led Zeppelin）在日本的公演。那時的我實在是個極為平凡的高中生。高中三年的經驗，給了我有形無形的影響，延續至今，因此我更加體認到高中時代是人一生中非常重要的時期。

一如橄欖球會朝意外的方向彈起，我的人生也朝著意外的方向發展。高三時，爸爸過世了。我們必須搬出爸爸公司的宿舍，大人叫我不要念書、去工作賺錢，後來媽媽找到了工作，我才有辦法念大學。本來讀理工組，後來轉到文組，又去考了讓大家跌破眼鏡的哲學系，就像橄欖球一樣。

高中時代，我一直有自己的煩惱。那時候的心情，現在也還會出現。雖然只有三年，但我記得非常清晰。高中時代真的對一個人影響巨大。你可以說，人是為了找到十六到十九歲時滿腹疑問的解答，才活下來的。

當代年輕人的處境

前一章我談過青少年的心理層面，這裡我要把焦點放在社會層面，觸及當代青少年的處境。現在年輕人所面臨的環境，和我年輕的時代差異很大。確實現在各方面都很便利，但是生活卻變得比以前艱難。有人說：「以前的時代連飯都沒得吃，現在的人簡直是太享受了。」但我認為這種批評並不正確，因為幸福度不該只從物質面衡量，精神面也要評估進去才對。

我念高中的時候，只要能考進大學，接下來的人生就不必太擔心，但今日並非如此。工作很難找，就算找到了，也可能是血汗公司。既然大學畢業後難以銜接就業，繭居在家、閉門不出也就不是什麼稀奇的事。這種情形，現在的高中生都很清楚，也因此出現一種值得注意的狀況，大家一味追求開心就好的生活。接下來我以高中生為主，描繪一下現代年輕人的處境。

首先，年輕人離不開智慧型手機，幾乎人人都有。家裡沒錢而買不起的，就去打工賺錢，存到錢後第一個買的就是手機。以前的高中生上課時，如果一直低著頭，通常是在偷看漫畫，但現在則是在玩手機。不少學生已經患了手機上癮症，卻很少人指責買這些「玩具」給高中生的大人，實在令人憂心。

此外，隨著所謂的SNS（Social Networking Services，社群網絡服務，例如Facebook、Twitter等）日漸普及，它所帶來的便利性也背叛了使用者，SNS已經成為綑綁高中生心神的咒術。SNS讓人際溝通在異質化的空間中發生，在網路上創造出只屬於幾個朋友的小宇宙，人們就不知不覺地被小宇宙的氛圍所綑綁。小宇宙運行順利時一切都沒問題，不過一旦出錯，齒輪就停不下來，甚至演變為網路霸凌。這個過程，外人幾乎無法察覺。

關於「集體」的問題，前一章也稍有觸及。現在的高中生乍看之下很自由，但事實上活得很不自由。我常覺得他們喪失了自己的個人性，這無疑是受到SNS的影響。個人受到「小宇宙氛圍」的主宰，如果脫離這個氛圍，就會被說成白目、不合群。結果，個人的發言與行動受到束縛，把自己奉獻給了「小宇宙氛圍」。

我想，這必定源自人們無法承受近代以來個人的存在方式。他們或許誤解了自由的意義。關於這個問題，德國社會心理學家佛洛姆（Erich Fromm, 1900-1980）在名著《逃避自由》（*Escape from Freedom*）中寫道：「自由雖然帶給近代人獨立與合理性，卻也使個人陷於孤獨，並因而變得焦慮與無力。這種孤獨是難於忍受的。他於是面臨二選一的情況——也就是從自由的重荷逃入新的依賴與屈從，或繼續向前充分去實現以個人的獨特性與個性為基礎的積極意義的自由。」（《逃避自由》，志文出版社，管韻鈴譯）佛洛姆在本書中分析了第一次世界大戰後德國人無法承受自由的重擔，最後接受了法西斯極權主義的心理。日本年輕人雖然不至於走到法西斯的地步，但是演變為霸凌的心理機制則是相同的。

此外，我也想談談階級差異的問題。進入現代後，新時代的關鍵字應該是「自由」、「平等」。但這些都仍未實現，當代即使平等，階級差異卻日益擴大。國家與國家間有階級，一國之內也有階級，就連近在咫尺的學校，也存在著階級差異。不，一如年輕學者所提出的，就算在教室之內也存在著「學校種姓制度」這種型態的階級，而且高中生都知道這回事。高中生的生活，充滿了各種階級。

前文說過，近來出現一種傾向：家庭財力越好的孩子學習能力與成績越好，反之則越差。理論上獎學金可以改善這種差距，但現在的獎學金制度卻在折磨年輕學子。申請給付型和貸款型的人都在增加，而後者的利率絕對不低※。而且如果畢業後找不到工作，就可能沒法還貸款，反倒背了一身還不起的債。找工作同樣危機四伏，小心血汗企業等著你。在職場向年輕人招手的，不是美麗的未來，而是具有階級差異的企業現實。

在談階級差異問題時，經常會遇到「世代階級差異」這個詞。對上一代的人來講，這詞只是一種知識，但對年輕人來說，這個詞卻是切身體會。若在網路上用「年金」當作關鍵字搜尋，會出現許多如下的發言：「如果團塊世代對年金給付減少的問題具備該有的理解和關心的話，日本就不會變成這樣的國家了。」以及如下的回應：「確實團塊世代所欠缺的就是『理解和關心』，他們只在乎自己過得好不好。」不曉得團塊世代的人聽了有何感想？我很想請教。※※

我上一代的人被稱為團塊世代※※※，他們童年時物質匱乏，讀書時學校滿是學生、競爭激烈；他們大學時適逢學潮，用圍籬把學校封鎖，對課程提出許多批判。他們是一個生存競爭嚴酷、宛如大型群體的世代。當時的學運中，有人提出「自我否定論」，意指自己的學生身份事實上給自己帶來許多利益，並壓迫了社會上的真正弱勢，因此必須否定學生身份，才能真正跟弱勢站在一起。我以前覺得這種論點還滿帥氣的，如今卻覺得這些人雖然懂得抗議，但他們正是日本經濟成長的得利者，是能夠領取完整年金的一代。而被笑說連反抗都不會的今日年輕人，則是連年金都不知領不領得到的一代。至於我的世代，雖然我經歷過泡沫經濟，但我覺得自己跟團塊世代沒有關係。不過年輕人可不這麼想。

※ 譯按：日本的獎學金有兩種，一種是給付型，學生畢業後不需還款；一種是貸款型，畢業後需還款，有的還有利率，類似台灣的助學貸款。

※※ 譯按：日本年金制度包含國民年金和企業退休金。受到少子高齡化與景氣惡化的影響，國民年金出現空洞化危機，年輕人繳納負擔變重，但未來能領到的年金卻減少。

※※※ 譯按：團塊世代指日本二次世界大戰後第一次嬰兒潮，創造出日本的高度經濟成長，又歷經泡沫經濟。

我曾經被下個世代的人說：「你跟團塊世代是同一夥的。」就算團塊世代把我這一代的人歸類為他們之後的「冷漠世代」的第一代，但對現在的年輕人來說，我這一代跟團塊世代是同一類人。特別是對泡沫經濟崩壞後，面臨所謂就業冰河期的「失落的一代」而言，更是如此。不論是團塊世代或跟我年齡相仿的人，都應該好好思考我們能為現在的年輕人做些什麼。我們都應該知道，前文所觸及的各種問題，都是年輕人會質問我們這一代的問題。

現在的年輕人，對上述各種階級差異感受日深。長輩老是說「要朝著目標行動！」但年輕人卻看不見未來的目標在哪裡。

最後，我們來看看政治經濟面的階級差異。目前的世界趨勢，是全球化和新自由主義兩者加速發展。所謂全球化，是包含經濟、政治、文化等各種領域，在世界各地跨國界、跨地域融為一體的現象。例如環境問題，鄰國中國的空氣污染會影響到日本，此外，與貿易有關的關稅問題也會改變日本百姓的生活。再者，我們從新自由主義的角度來看，日本的階級差異有日漸嚴重的傾向，一如前文所述。以前，日本曾被揶揄為同質性很高、每個人都一樣，但另一方面，這也意味著日本是個階級問題不大的國家。然而，這優點現在已經蕩然無存。失業率高居不下，政府大喊加強技職教育，但在我看來，這種作法與其是培養年輕人的謀生能力，還不如說是把社會問題推到個人身上。

現在日本年輕人的處境如此嚴峻，高中生對此感受深刻。

十六歲開始的哲學

包含高中生在內的一些年輕人有種自我輕視的心理，覺得自己並不重要，我希望這些年輕人要多多珍視自己。但另一方面，有些高中生反而只在乎自己，對別人毫不關心。不論是前者或後者，我感覺他們看待「人」的眼光都有點扭曲。為了要徹底思考所有事物，我們必須先對自己和別人的存在懷抱敬意。在此，我要用一個跟以往不太一樣的角度談談存在這件事。

從結論來說，你存在於世界上這件事，是個奇蹟。你誕生在這個現實世界中，成為一個高中生，這件事會發生的機率，就跟奇蹟發生的機率差不多。

你能夠出生成為你，這可能性的機率幾乎是零。首先，你的父親必須先與你的母親相遇，才有可能生下你。你的父母必須偶然地出生在同一個時代，而且必須偶然地相遇，否則你不會出生。不只是你父母的相遇很偶然，往上追溯到各代祖先都是如此。必須先有這樣的相遇，你才可能存在。

接著，父母就算結了婚，生下你的可能性仍然不高，一個生命必須透過精子和卵子的結合才會誕生。就生物學的角度來看，某一個特定精子與某一個特定卵子能夠結合、產生生命，其機率幾近於零。以這個機率再乘以前面所說你父母相遇的機率，可知你會誕生在這世界上，只能說是奇蹟了。奇蹟一般的你，現在活在這裡。你以外的每個人，也都是一樣。這麼說來，你與其他人因緣份而相聚，也可以說是奇蹟。也許我們應該以這樣的角度，來看待我們與他人的關係。

接著，我再以不同的觀點描繪你的存在的重要性。假設你平常使用的手機遺失了，裡面有許多朋友的照片、手機號碼，弄丟真的很麻煩。你拚命找，但怎麼也找不到。這時該怎麼辦呢？大部分人最後應該只好打工存錢，或央求爸媽出錢，再買一支新手機，然後重新輸入朋友的資料，像以前一樣地使用。

然而，如果遺失的是你呢？也就是說，因為某種原因，你從這世上消失了，會發生什麼事呢？不可能像買一支新手機一樣，換一個新的你回來。因為，你就是你，沒有辦法替換。而且不只是你，你的家人、朋友、鄰居，每一個人都是如此。人，是獨一無二、不可能替換的。

希望透過這樣的描繪，能讓讀者了解，你的存在是個奇蹟，是獨一無二、無可替代的。意思是，就算人生過得再怎麼辛苦，你還是如此獨特的你。你是至珍至貴、無可取代的。當然，你身邊的每個人也都同樣地寶貴。

在這本書中，我不斷強調「思考」是非常重要的事，但現實中許多人不經腦袋就接受別人說的話，要不然就對所有事情存而不論，以例行公事的心態度過每一天。不只年輕人這樣，成年人也一樣。可是，一旦停止思考，人就變得跟動物沒兩樣。法國科學家巴斯卡（Blaise Pascal, 1623-1662）說：「人是會思考的蘆葦。」笛卡兒則說：「我思故我在。」我們甚至可以說，如果不思考，這個人就不存在了。

最後我來談一談，到底要思考些什麼才好呢？前面已經說過，我們的存在是獨一無二、無可替代的，每個人都一樣。我希望讀者能好好想一想「你的存在是獨一無二」這件事。前面所舉的自尊低落與霸凌問題，其解決方法在於人的內心。不輕視自己的人，才會肯定別人的存在。

再來，關於「當代年輕人的處境」一節中談到的問題，我們又可以如何思考呢？亞里斯多德曾說：「人天生是一種政治動物。」因此談人的問題時，不可能剔去社會脈絡不談。我們如何思考自己身處的社會，是非常重要的。當我們把眼光投向社會，就能反過來看清自己的處境。

請讀者以這兩點為中心來思考。講白一點，就是「自己」和「社會」這兩個主題。本書所介紹的哲學家和思想家的論點，將會是很好的參考。此外，若各位想靠自己思索，我也十分贊成。正因為各位是擁有無限可能性的年輕人，我祈願各位能常保思考的習慣。一旦開始思考，你就在哲學中了。

附錄一

哲學入門書籍與電影推薦

在此我想介紹一些哲學入門的推薦書籍和電影。書籍的部分主要以本書提過的書籍為主，也可以當作引用和參考文獻。我會將哲學家、思想家的原典譯本，和解說書籍分開介紹。我盡量選介較淺顯易懂的哲學書，若無法全部讀完也沒關係，哲學書後勁很強，就算淺嘗也會有所收穫。

第二部分會介紹解說書籍。至於電影，都直接與哲學、宗教有關，但不包含僅僅所謂哲學意味濃厚的電影。這些電影都有DVD可以觀看。

本書介紹之哲學家、思想家的原典

（與本書章節順序不同）

柏拉圖《蘇格拉底的申辯篇、克里托篇》

要了解蘇格拉底，首先推薦大家去讀柏拉圖的書。蘇格拉底並沒有寫任何著作。柏拉圖這本書以對話形式寫成，容易理解，也沒有困難的詞語，但有些書中人物的話太長，讓人不耐煩。即使如此，蘇格拉底臨死前的場面還是非常精彩。

《舊約聖經》

《舊約聖經》故事性很強，沒有比這更精彩的書了。亞當、摩西都在《舊約聖經》中出現，前文也都引用過相當長的段落。電影《聖經：創世記》（*The Bible: in the Beginning*）就是以《舊約聖經》的部分故事為情節主幹，看這部電影也可以，非常好看。

《新約聖經》

《新約聖經》和《舊約聖經》不一樣，故事性比較弱，但是文句意味深遠。即使不是為了信仰，而是為了了解基督宗教的各種知識，也很建議在家裡擺一本，畢竟是永遠的暢銷書哪。

《古事記》

《古事記》是日本最古老的史書，奉天武天皇之命，太安萬侶將稗田阿禮所背誦的文字記錄下來，編纂而成。本書所引用的是次田真幸的譯注本，不過三浦佑之翻譯、注釋的版本才是比較易懂的口語版本。將《古事記》當作神話來讀，比較容易進入。

笛卡兒《談談方法》

我找了一下家裡的書架，發現《談談方法》有三本。我也不知道為什麼會這樣，大概是從前到哪都帶著它，片刻不離身的緣故吧。請大家務必親身體驗看看，笛卡兒「我思，故我在」這句話是什麼感覺。

尼采《查拉圖斯特拉如是說》

《查拉圖斯特拉如是說》這本書抓不出什麼要點或主旨，但各位可以把它當成詩，一段一段地讀。這本書的真面目深不可測，越讀越有味。

盧梭《論人類不平等的起源和基礎》

盧梭的重要著作除了《社會契約論》和《愛彌兒》之外，還有《論人類不平等的起源和基礎》。這本書也相當淺顯易讀，可以從中掌握盧梭自然狀態論的要領。若想了解盧梭的個人世界，則可以讀《懺悔錄》，記載了他高潮起伏的一生。

馬克思《一八四四年經濟學與哲學手稿》

第一草稿中「異化勞動」一節，我讀了不知多少次，書被我翻得破破爛爛。這一節大約只有二十頁左右，讀者有興趣的話務必一讀。最近血汗公司越來越多，因此這本書更是必讀。

沙特《存在主義是一種人道主義》

沙特在這本書中闡明「存在先於本質」的意義，書不厚，也容易懂，我大力推薦。最近與沙特有關的資訊變少了，但正因為我們處在這樣的時代，我特別希望沙特的思想可以復活。

李維－史陀《憂鬱的熱帶》

李維－史陀的文風並不艱澀，可以說輕鬆瀟灑、平易近人。雖然不是哲學書，而是文化人類學的著作，但內容其實非常接近哲學。要了解李維－史陀，本書是首選。

傅科《監獄的誕生》

這本書很有份量，對高中生而言相當有挑戰性，但它在難懂的傅科著作中，算是比較容易入手的。書中刊載了監獄的照片與設計圖，大家可以找找圓形監獄（Panopticon）有名的的建築形式。本書開啟了權力論的嶄新論述。

解說書籍

木田元《反哲學入門》（反哲学入門）／新朝文庫

本書除了詳細介紹尼采思想，也將哲學史講解得很清楚，內容相當充實。有些章節有點硬，但還算易讀。這是我最推薦的一本書，讀完之後會對哲學流變有更清楚的理解，還能接觸到最新的哲學論點。

小阪修平《第一次讀當代思想》（はじめて読む現代思想）／芸文社

本書分為〈I水源篇〉、〈II展開篇〉兩部分，對艱澀難懂的當代思想做了一番清楚明瞭的解說，是一本最適合的入門書。小阪修平是很擅長以白話文解釋哲學的人，絕對不會令讀者失望。

山折哲雄《為什麼佛陀拋棄了孩子》（ブッダは、なぜ子供を捨てたか）／集英社新書

書名非常令人印象深刻。佛陀拋妻棄子出家的事蹟，許多書都提過，我在前面章節中也曾提到，但為什麼佛陀會把孩子取名為惡魔（羅睺羅，Rāhula，另一說意為束縛），則較少人提及。本書將佛陀的煩惱與悟道的精髓寫得非常清楚，是最好的原始佛教入門書籍。

橋爪大三郎《第一次讀結構主義》（はじめての構造主義）／講談社現代新書

本書是了解結構主義的首選入門書，文字十分淺白易懂。作者並非哲學家，而是社會學家，他以社會學的脈絡討論結構主義，也是一個不錯的方式。看完之後會很想讀李維－史陀的《憂鬱的熱帶》。

崛川哲《推動歷史的哲學家》（歴史を動かした哲学者たち）／角川ソフィア文庫

這是將哲學與哲學家傳記加以烹調、排盤，料理得非常美味的一本書。內容紮實，文字淺顯。作者還有一本《改變世界的哲學家》（世界を変えた哲学者たち），我也非常推薦。

片倉素子（片倉もとこ）《伊斯蘭教的日常世界》（イスラムの日常世界）／岩波新書

日本人不太清楚伊斯蘭教的世界，就算是知道的人，多半也是從新聞裡得到資訊，看到的不是激進派就是恐怖份子，全是「非日常的世界」。本書詳盡地介紹了伊斯蘭教的日常生活，可以增進讀者對伊斯蘭文化的了解。

菊池達也監修《了解伊斯蘭！》（イスラムがわかる！）／成美堂出版

本書附有許多照片和插圖，讓讀者對伊斯蘭世界一目了然。「透過本書，目擊伊斯蘭教基本要素、建築、文化、金融、婚姻、飲食文化、流行的現場！」從這句文案中，可以知道本書是深入伊斯蘭世界的入門好書。

森岡正博、寺田にゃんこふ《漫畫哲學入門》（まんが哲学入門）／講談社現代新書

本書透過非常簡單的漫畫和短文，講解「時間論」、「存在論」、「生命論」等主題。但由於內容非常深，和漫畫的形式稍嫌格格不入，讀完後有種沉重感。也許這本書不該放到解說書籍，應該放到哲學原典區才對。

山中康裕編著《心理學對決！佛洛伊德VS.榮格》（心理学対決！フロイドVS.ユング）／ナツメ社

本書透過各個角度分析佛洛伊德和榮格的相異之處，充滿趣味，引人入勝。書中並附有許多圖片。透過本書，可以將佛洛伊德和榮格打包成一組了解，對高中生來說是不錯的入門書。

白井浩司《沙特入門》（サルトル入門）／講談社現代新書

能夠談沙特的，還是非研究沙特第一人的白井浩司莫屬。據說當年沙特和西蒙波娃聯袂來日本訪問時，就是白井浩司擔任接待工作。不過這本書的年代有點久遠就是了。

高間直道《年輕時代的哲學家：青春的苦惱與疑問》（若き日の哲学者たち—青春の苦悩と懐疑のなかで）／大和出版

高間直道這本書很久了，也許只買得到二手的。但它對我寫作本書有很大的幫助，讓我了解就算是名滿天下的偉大哲學家，年輕時也曾度過放浪不羈的日子。作者以平視的角度，描寫出和我們一樣是「人」的哲學家群像。

第歐根尼．拉爾修（Diogenes Laertius）《哲人言行錄》（*Lives and Opinions of Eminent Philosophers*）／岩波文庫

把這本書列於解釋書籍區，似乎還有討論餘地，但它具「列傳」性質，故暫且列於此處。本書記載了許多古希臘時期哲學家的軼事，讀來興味盎然。全書分為上、中、下三冊，相當有份量，選讀你有興趣的哲學家即可。

電影

《聖經：創世記》（*The Bible: in the Beginning*）／約翰．休士頓（John Huston）導演，一九六六年出品

電影情節改編自《舊約聖經》，看過電影再讀《舊約聖經》也許會不錯。雖然是美國電影，但跟現在的好萊塢電影完全不同，看完的人應該很有耐性。

《十誡》（*The Ten Commandments*）／西席．地密爾（Cecil B. DeMille）導演，一九五六年出品

改編自《舊約聖經》中摩西與十誡的故事，場面非常豪華壯闊。男主角摩西由卻爾登．希斯頓（Charlton Heston）主演。劇情緊湊精彩、扣人心弦，是一部娛樂性很高的電影。

《萬世留芳》（*The Greatest Story Ever Told*）／喬治．史蒂芬（George

Stevens）導演，一九六五年出品

本片依照《新約聖經》的記載，忠實描述耶穌的生平，因此是了解基督宗教基本常識最好的一部電影。梅爾·吉伯遜（Mel Gibson）執導的《耶穌受難記》（*The Passion of the Christ*）太過血腥，馬丁·史柯西斯（Martin Scorsese）執導的《基督最後的誘惑》（*The Last Temptation of Christ*）又太情色，所以《萬世留芳》應該是最適合高中生觀賞的。

《蘇菲的世界》（*Sophie's World*）／艾立克·古斯達夫遜（Erik Gustavson）導演，一九九九年出品

這部電影改編自挪威高中哲學老師喬斯坦·賈德（Jostein Gaarder）所著的同名小說。故事開頭是一位十四歲的少女蘇菲收到匿名信件，信件內容竟是「你是誰？」、「世界從哪裡來？」這樣奇妙的問題，故事就此展開。本電影對哲學式思考的重要性有許多著墨之處。

《花神咖啡館的情人們》（*Les amants du Flore*）／伊蘭．杜蘭－科恩（Ilan Duran Cohen）導演，二〇〇六出品

我去電影院看這部以沙特與波娃為主角的電影時，發現觀眾都是剛步入中年的年紀。我猜這些觀眾年輕時應該都看過沙特的書吧。這部電影介紹沙特與波娃思想的段落不多，倒是拍了很多兩人的性愛場面，令人咋舌。我已經知道兩人間的契約婚姻，所以看得津津有味，但對高中生來說也許門檻有點高。

附錄二

引用、參考文獻（上列推薦書籍之外）

- 朝井遼，《聽說桐島退社了》，貓頭鷹出版，黃薇嬪譯，二〇一三。
- 小田實，《什麼都要見識看看！》（何でも見てやろう），講談社，一九七九。
- 金森誠也，《哲學家的私生活》（哲学者の私生活），大陸書房，一九七八。
- 金子美鈴，（金子みすず）《我與小鳥與鈴》（私と小鳥とすずと），JURA 出版局，一九八四。
- 小阪修平，《圖解西洋哲學史》（イラスト西洋哲学史），JICC 出版局，一九八四。
- 小牧治，《馬克思》（マルクス），清水書院，一九六六。

• 清水正德，《工作的意義》（働くことの意味），岩波書店，一九八二。
• 城塚登監修，《高中倫理資料全集》（資料全集高校倫理），令文社，一九九七。
• 鈴木翔，《教室內的種姓制度》（教室内カースト），光文社，二〇一二。
• 竹內青嗣，《尼采入門》（ニーチェ入門），筑摩書房，一九九四。
• 丹．布朗（Dan Brown），《達文西密碼》（*The Da Vinci Code*），時報出版，尤傳莉譯，二〇〇四。
• 手島純編著，《放學後的教育論》（放課後の教育論），彩流社，一九九七。
• 《巴利語佛教經典：經集》，中國社會科學出版社，郭良鋆譯，一九九八。
• 《真理的語言：法句經》，法鼓，淨海法師譯，二〇一二。
• 野田又夫，《笛卡兒》（デカルト），岩波書店，一九六六。
• 藤本勝次編，《古蘭》（コーラン〔世界の名著〕），中央公論社，一九七九。

• 柏拉圖，《尤息底謨斯》，選自《柏拉圖：生平及其著作》，山東人民出版社，A.E. 泰勒著，謝隨知等譯，二〇〇八（簡體）。
• 佛洛姆，《逃避自由》，志文出版社，管韻鈴譯，二〇〇二。
• 黑格爾，《精神現象學》，上海人民出版社，賀麟、王玖興譯，二〇一三（簡體）。
• 培根，《新工具》，商務印書館，一九八四（簡體）。
• 赫西俄德，《工作與時日．神譜》，台灣商務，張竹明譯，一九九九。
• 費爾巴哈，〈未來哲學的根本命題〉，選自《基督教的本質》，商務印書館，王太慶譯，二〇一〇（簡體）。
• 保坂幸博，《摘下面具的蘇格拉底》（仮面をとったソクラテス），廣濟堂出版，一九九〇。
• 霍布斯，《利維坦》，台灣商務，朱敏章譯，二〇〇二。
• 松永希久夫，《歷史中的耶穌像》（歴史の中のイエス像），日本放送出版協會，一九八九。

- 馬克思、恩格斯，《共產黨宣言》，麥田出版，黃煜文、麥田編輯室譯，二〇一四。
- 馬克思，《政治經濟學批判》，人民出版社，一九六二（簡體）。
- 馬克思，《雇傭勞動與資本》，線上中文馬克思主義文庫（https://www.marxists.org/chinese）。
- 御廚良一，《漫畫・哲學是什麼》（マンが・哲学ってなんだろう），エール出版社，一九八九。
- 村上龍，《希望之國》，大田出版，張致斌譯，二〇〇二。
- 山下正男，《理論式思考》（論理的に考えること），岩波書店，一九八五。
- 吉川健郎，《從表象的現象學到行為的哲學》（表象の現象学から行為の哲学へ），現代圖書，二〇〇〇。
- 盧梭，《盧騷懺悔錄》，志文出版社，余鴻榮譯，二〇〇五。
- 李維-史陀，《野性的思維》，聯經出版，李幼蒸譯，一九八九。
- 洛克，《政府論次講》，唐山出版，葉啟芳、瞿菊農譯，一九八六。

• 渡邊公三，《戰鬥中的李維-史陀》（闘うレヴィ=ストロス），平凡社，二〇〇九。

跋

讀完本書後，各位讀者有什麼感想呢？大家煩惱的事情、想不通的問題，和思想家、哲學家的世界有任何共鳴處嗎？大家應該已經理解，我們在想的這些事情，其實先哲也都思考過了。為了要徹底地思考，思想家、哲學家們各自構築了獨特的世界。現在，大家應該都已經共同擁有這些世界了。此外，是否也對哲學產生一點興趣了呢？

雖然我大學讀哲學系，但我對小題大作的文獻解釋沒有興趣，而是對哲學家的發想與思考取徑比較有興趣。此外，我也不愛用艱難的詞彙講述簡單的事情，我比較喜歡把艱難的內容徹底消化之後，再以平易的語言表達出來。這本書應該反映了這一點。

此外，坊間其實有不少寫給高中生的哲學入門書，我讀過好幾本。這些書具有許多深刻的洞見，給了我很大的幫助。但是我真的不知道對高中生來說，這些書有多少幫助？作者大多是大學教授或評論家，我覺得他們是在不了解高中生的興趣、關心、煩惱的情況下，對著高中生講哲學、談道理。但我認為現在所需要的，是一本了解高中生真實處境的哲學書。既然如此，我想就由我自己來執筆吧。

年輕人的SNS（社群網路）世界，正以無法想像的速度發展。SNS一方面非常方便，但另一方面，高中生會以與學校不同的面貌出現在Line或Mixi※上。這些面貌跟平常深思熟慮、個性分明的樣子不同，彷彿是躲起來到處塗鴉的小孩，SNS上到處都可以見到他們發洩情緒的文章。正因如此，我深覺年輕人需要一本哲學書。

這本書從提企畫案到現在，已經過了三年。書的大綱早就完成，文獻也讀得差不多，只差把文字輸入電腦而已。沒想到，這可不是件容易的差事。

每天都很忙，幾乎沒法坐在電腦前好好寫稿。由於我決定只當普通老師，所以必須接下班導師的工作。班導師很辛苦，但可以直接和學生接觸，其實也很有意思。就某種意義來說，班導師是站在教育的最前線。不過，也因此有許多勞心之處，結果就是這本書的稿子一延再延。

此外，現在的學校有很多無意義的行政工作。行政工作之多，跟我剛踏入教育界時簡直沒法比。這些行政工作跟教學並無關係，都是公文式的文章或提案。這些文章，都是要蓋職位印章的。

以前的學校組織架構，就是校長、教頭、教諭※※三個層級而已。現在則分成校長、副校長、教頭、主幹教諭、教諭等五個層級，不管做什麼都要提案，獲得上級許可才行。教學工作原本就很忙，再加上公家單位式的組織改編，老師自己也變得不再思考，只能埋沒在日常的例行公事中，被眼前事務追殺。我自己就是這樣。

在教書之外，我還要求自己寫書，於是便經常抱怨在這種狀況下實在

※ 譯按：日本最大的SNS，可以寫日記、分享照片、通訊、玩遊戲。

※※ 譯按：教頭類似台灣的副校長，教諭類似台灣的老師。

寫不出來。但也許這只是我的藉口，畢竟無論在什麼狀況下都非寫完不可。

兩年前，彩流社的社長竹內淳夫先生寫賀年卡給我，特別加了一句：「等待您的完稿。」我把這張賀年卡夾在每天使用的筆記本中，激勵自己早點寫完才行。雖然心裡這麼想，但每天下班回到家總是累癱了，最後只能喝點啤酒、去睡覺。

沒想到，不多久我的腸子長了腫瘤，醫生說必須開刀切除，於是住院一個禮拜。我想在醫院裡應該會有空檔寫作，就把電腦搬進病房。如我所料，住院第三天起我就開始打開電腦寫作，邊吊點滴邊打字。住院成了我重拾寫作的契機。那時也被親友勸告暫時少喝點酒，因此工作以外的時間都盡量拿來寫書了。

整個暑假我幾乎都在寫書。雖說主要是把教書至今的教材和心得整理出來，應該不會花太多時間，但沒想到把這些東西化為文字的工夫竟然一點也不簡單。暑假結束要回學校上課時，還有好多章節沒完工。因此每天凌晨三點起床寫到五點，回頭小睡一會兒，再去學校上班。最後，總算是著作完成。

這本小書能夠完成，要感謝許多人的協助，在此借書中一角表達我的謝意。

感謝協助本書校對，並提出許多寶貴意見的綿引光友先生。

此外，還有彩流社的社長竹內淳夫先生，我真的給他添了很多麻煩。也感謝彩流社的高梨治先生為本書擔任編輯。從與高黎治先生的交流中，我增長了許多知識，以後也請多多指教。

最後，希望本書的出版，能讓已故的吉川健郎老師在天之靈感到歡喜。若無吉川老師在大學時給我的引導，我一定會迷失在人生的道途中。謹以本書獻給吉川老師。

二〇一四年二月一日　手島純

國家圖書館出版品預行編目（CIP）資料

十六歲的哲學課 / 手島純著 ; 黃千惠譯 .
-- 初版 . -- 臺北市 : 蔚藍文化 , 2015.05
面 ;　公分
譯自 : 高校教師が語る 16 歳からの哲学
ISBN 978-986-90518-7-3（平裝）

1. 哲學 2. 文集

107　　104004849

十六歲的哲學課

高校教師が語る　16歳からの哲学

作　　者／手島純
譯　　者／黃千惠
發 行 人／林宜澐
總 編 輯／廖志墭
編輯協力／林月先、薛慕樺、林佳誼
封面設計／小山絵
內文排版／藍天圖物宣字社
出　　版／蔚藍文化出版股份有限公司
地址：110臺北市信義區基隆路一段176號5樓之1
電話：02-2243-1897
總 經 銷／大和書報圖書股份有限公司
地址：24890新北市新莊區五工五路2號
電話：02-8990-2588
法律顧問／眾律國際法律事務所　著作權律師／范國華律師
電話：02-2759-5585
網站：www.zoomlaw.net
讀者服務信箱／azurebks@gmail.com
初版一刷／2015年5月
二版二刷／2022年8月
定　　價／320元